HISTÓRIAS BEM TEMPERADAS

Livros do autor publicados pela **L&PM** EDITORES:

Canibais – paixão e morte na Rua do Arvoredo (2004)
Mulheres! (2005)
Jogo de damas (2007)
Pistoleiros também mandam flores (2007)
Cris, a fera (2008)
Meu guri (2008)
A cantada infalível (2009)
A história dos Grenais – com Nico Noronha, Mário Marcos de Souza e Carlos André Moreira (2009)
Jô na estrada – com ilustrações de Gilmar Fraga (2010)
Um trem para a Suíça (2011)
Uma história do mundo (2012)
As velhinhas de Copacabana (2013)
A graça de falar do PT e outras histórias (2015)
O que você nunca deve perguntar a um americano (2017)
Hoje eu venci o câncer (2018)
Histórias bem temperadas (2020)

DAVID COIMBRA

HISTÓRIAS BEM TEMPERADAS

Texto de acordo com a nova ortografia.

Capa: Ivan Pinheiro Machado. *Ilustração*: iStock
Revisão: L&PM Editores

CIP-Brasil. Catalogação na publicação
Sindicato Nacional dos Editores de Livros, RJ.

C633h

Coimbra, David, 1962-
    Histórias bem temperadas / David Coimbra. - 1. ed. - Porto Alegre [RS] : L&PM, 2020.
    200 p. ; 21 cm.

    ISBN 978-65-5666-102-5

    1. Crônicas brasileiras. I. Título.

20-66934   CDD: 869.8
                           CDU: 82-94(81)

Camila Donis Hartmann - Bibliotecária - CRB-7/6472

© David Coimbra, 2020

Todos os direitos desta edição reservados a L&PM Editores
Rua Comendador Coruja, 314, loja 9 – Floresta – 90.220-180
Porto Alegre – RS – Brasil / Fone: 51.3225.5777

Pedidos & Depto. Comercial: vendas@lpm.com.br
Fale conosco: info@lpm.com.br
www.lpm.com.br

Impresso no Brasil
Primavera de 2020

SUMÁRIO

Entrada 9
Dona Dina e Dona Diva 13

Uma casa de madeira 25
Histórias de avô 29
A linguiça especial...33
A imortalidade em um doce de abóbora.......37
O bauru do Marjan 41
As terríveis galinhas carnívoras....................45
Dois anos sem queijadinha 49
Comida alemã..53
O feijão mexido e o ovo frito perfeito...........59
Prato Feito 63
Ela pediu torresmo 67
A noite do tomate gaúcho 71
O bom uso do tomate 75

A feijoadinha 79
Massa com salsicha, essa injustiçada 81
Fotos de comida 85
O carreteiro com sobras de churrasco 89
A grande polêmica do aipim 93
Tortilha de Ruffles, a batata da onda 97
Um dia houve um xis-bacon com ovo 103
Café da tarde 107
A força da salsicha 111
Garçons de praia 117
Nata, schmier e linguiça 121
O strogonoff 125
O Pavillon Criollo 129
A carne de panela com aipim do Wianey Carlet ... 135
O puchero do amor 139
A picanha e o cupim 143
Massa à carbonara 147
O super-herói que come donuts todos os dias 151
O amor à linguiça 155
O arroz de china pobre 159
Panquecas para Gisele Bündchen 163
Os ovos cozidos do príncipe 165
Como funciona o churrasco americano 169
Por um prato de lentilhas 177
Sanduíche aberto, a única invenção culinária
    de Porto Alegre 181

A Kelly e a musse 185
O arroz de bacalhau 189
O arroz de bacalhau da sogra.................................... 193

ENTRADA

Gabriela tinha o cheiro do cravo e a cor da canela. Jorge Amado só pôde fazer essa descrição graças à Escola de Sagres, do Infante Dom Henrique, que formou os maiores marinheiros dos séculos XV e XVI, homens intrépidos que desafiaram o desconhecido, que atravessaram o assustador Mar Tenebroso e enfrentaram a sede, a fome, o escorbuto, as tempestades e as flechas de índios hostis, homens que mudaram o mundo ao descobrir um continente inteiro e que, muitas vezes, encontravam sua sepultura nas ondas do oceano. De três navios que zarpavam da Península Ibérica, naquela época, um jamais voltava. Não foi por acaso que Fernando Pessoa cantou:

> Ó mar salgado, quanto do teu sal
> São lágrimas de Portugal!
> Por te cruzarmos, quantas mães choraram,

Quantos filhos em vão rezaram!
Quantas noivas ficaram por casar
Para que fosses nosso, ó mar!

E por que se sacrificavam tanto, aqueles bravos lusíadas? Justamente por causa do cravo e da canela. E mais o açafrão e o anis e a noz-moscada e a pimenta-do-reino. Ou seja: as famosas especiarias, que eles buscavam na Índia para vender por preços elevadíssimos na Europa.

Alguns historiadores dizem que as especiarias valiam tanto porque há 500 anos não existia geladeira. Assim, não havia meios eficientes para conservar o frescor dos alimentos, sobretudo da carne. Era, portanto, para disfarçar o gosto e o cheiro de bifes levemente apodrecidos que eles usavam as especiarias.

Essa é uma parte da verdade, não toda. Porque os europeus já usavam o sal e o vinagre para temperar suas carnes. Seria o suficiente, se o objetivo fosse apenas reparar a deterioração. Só que as especiarias tornavam os alimentos muito mais saborosos, e era essa a distinção que eles ambicionavam. Se um príncipe, um fidalgo ou um bom burguês oferecesse um jantar bem condimentado com especiarias, seu nome se elevava na sociedade e ele era admirado por toda a gente.

Foi por amor à comida, portanto, que o mundo mudou.

Existe razão melhor? Existe prazer mais simples e, ao mesmo tempo, mais nobre do que uma refeição apetitosa? E existe forma de congraçamento mais agradável do que partilhar uma refeição?

Tem um livro que eu gostaria de publicar: um livro de receitas. Não minhas, e sim as da minha mãe e da minha avó. Seria um clássico da cozinha popular. Não algo sofisticado, como um Vatel ou um Carême, que cozinhavam para reis. Seria o melhor para os estômagos plebeus, como o meu. Vatel e Carême são clássicos, como Mozart e Beethoven. O livro das receitas da minha mãe e da minha avó seria Beatles. Ou, pelo menos, Roberto Carlos.

Mas, como não reuni todas as receitas delas, vez em quando escrevo algumas minhas. Ou outras, de outras pessoas, que aprendi e gostei. Na verdade, aprecio escrever sobre comida tanto quanto comer. Foi o que fiz neste livro: contei histórias em que a comida é personagem. Foi um livro que, literalmente, escrevi com fome. Espero que você o devore.

DONA DINA E DONA DIVA

Sou neto de uma avó que cozinhava. Dona Bernardina. Para os próximos e os nem tão próximos assim, Dona Dina. Ela não cozinhava por acaso, nem como se fosse um encargo diário da casa, como arrumar a cama ou varrer o chão. Não. Ela cozinhava por amor. Era o que mais gostava de fazer na vida. Sua cozinha estava sempre funcionando e de lá saíam maravilhas que, literal e alegoricamente, tornaram saborosa a minha infância.

A ideia que tenho de felicidade é uma mesa posta, com pessoas que se amam sentadas em volta. A conversa flui como um riacho no meio do mato, é amena e boa, e as pessoas sorriem umas para as outras. Então, Dona Dina surge da luz amarela da cozinha, carregando nos braços uma travessa fumegante. O cheiro quente da comida inebria a todos e escutam-se murmúrios de antecipação do prazer: mmmm...

Ninguém pensa em nada de ruim naquele momento. Naquele momento, somos um só.

Dona Dina fazia de tudo para nós. Das parreiras do quintal vinha o suco de uva, do galinheiro vinham os ovos ainda quentes do corpo da galinha-mãe, e a massa ela mesma cortava com um estilete e sobre as tiras espargia farinha, e só de olhar eu salivava.

A casa da minha avó e do meu avô, o velho sapateiro Walter, ficava na Rua Dona Margarida, 355, não longe da bela ponte levadiça de Porto Alegre. Hoje não há mais residência alguma nesse endereço. As indústrias foram tomando conta das ruas e desfigurando o bairro. Antes, aquele era um pedaço até meio bucólico da cidade, tipicamente suburbano, habitado por trabalhadores de classe média baixa que viviam sem luxos, mas com dignidade. Era uma vida simples e boa.

Na frente da casa da minha avó tinha o açougue do Seu Milton, que cito em uma crônica desse livro. Ao lado do açougue, erguia-se um sobrado de madeira de aparência sinistra. O casarão se escondia no fundo de um jardim malcuidado, cheio de arbustos e ervas daninhas. A família que morava lá era de algum país do leste europeu, segundo os boatos que grassavam pela vizinhança. Eram pessoas de pele muito branca e de boca muito fechada – estavam sempre calados. Às vezes, uma janela se iluminava à noite e uma cabeça feminina e loira surgia rapidamente. Dizem que era essa moça, que nunca alguém viu fora da casa, quem emitia gritos horrendos nas madrugadas. Eram gritos longos, de desespero, que arrepiavam a vizinhança.

Eu e meus irmãos planejávamos invadir a casa num dia em que a família tivesse saído, a fim de descobrir o mistério da loira trancafiada no segundo andar. Às vezes chegávamos a atravessar a rua e nos detínhamos em frente ao portão de ferro, mas nunca fomos além disso. Vontade tínhamos, o que nos faltava era coragem.

Essas histórias sinistras os moradores da Dona Margarida contavam ao entardecer, quando botavam as cadeiras nas calçadas e se juntavam em rodas de chimarrão. Minha avó, é claro, trazia da sua cozinha comidinhas que ela preparava para tornar essas reuniões mais agradáveis. Havia uns bolinhos de queijo ou de carne, uns salamitos ou pepinos em conserva. Eram acepipes para os adultos, mas eu me acercava deles, sentava-me no chão e pescava dos pratos dos aperitivos enquanto ouvia, de olhos arregalados, os contos de terror.

Muitos desses contos tinham caixeiros-viajantes como protagonistas. Compreensível, os caixeiros-viajantes, obviamente, viajam, e em viagens ocorrem aventuras.

Então, o caixeiro-viajante chegou cansado a uma estalagem, pediu um quarto para passar a noite, e o estalajadeiro informou:

"Só temos um quarto, mas lá ninguém vai."

"Por quê?", quis saber o viajante cansado.

"Aconteceram coisas no passado...", respondeu o estalajadeiro, misteriosamente.

"Que coisas?"

"Coisas... Já passaram. Melhor não falar delas..."

O homem parecia ainda mais misterioso.

"Bem", retrucou o viajante cansado. "Eu não sou supersticioso. Me dê esse quarto."

"Tem certeza?"

"Tenho!"

"O senhor é que sabe", finalizou o outro, balançando a cabeça e entregando ao viajante uma chave.

Ao entrar no lugar, o viajante deu de ombros: não havia nada de anormal ali. Tratava-se de um quarto comum, modesto, com uma cama, uma mesa de cabeceira, um roupeiro e uma pia. Ele se lavou, tirou a roupa e deitou-se, emitindo um suspiro de alívio. Precisava dormir. Mas mal fechou os olhos e ouviu uma voz masculina grave, anunciando:

"Olha que eu caio..."

O viajante sentou-se na cama de um salto e acendeu a luz do abajur sobre a mesa de cabeceira.

"Quem está aí?", perguntou.

Não houve resposta. Ele esperou alguns segundos e voltou a deitar-se. Apagou a luz. Fechou os olhos. E outra vez:

"Olha que eu caio..."

"Mas que droga!", o viajante emitiu um palavrão e acendeu a luz de novo, só que manteve a cabeça no travesseiro.

"Quem é?", repetiu.

Nada.

Apagou a luz. Fechou os olhos. E:

"Olha que eu caio!"

Agora a voz tinha um tom ameaçador. O viajante não se intimidou:

"Pois cai, então!", gritou da cama.

Desta feita... BLAM! Uma perna caiu de algum lugar do teto.

Uma perna! Da cama, o viajante olhou para aquilo e se espantou. Mas não se levantou. Sentia mais cansaço do que medo. Na verdade, não sentia medo algum. "Quer saber?", pensou, "vou dormir e o fantasma, ou seja o que for esse troço, que se dane."

E acomodou a cabeça no travesseiro e fechou os olhos e:

"Olha que eu caio!"

Que amolação!

"Então cai duma vez!", gritou, e...

CABLAM!

Caiu outra perna.

O viajante olhou e ficou mudo. Quem sabe o fantasma se calasse, se ele permanecesse em silêncio. Qual o quê! Em um segundo...

"Olha que eu caio!"

E, antes que o viajante pudesse responder...

BUM!

Caiu um braço.

Você já adivinhou o resto da história: partes do corpo foram caindo e se montando no chão do quarto do viajante. Quando, por fim, um homem inteiro foi formado... Não sei o que aconteceu! Por Deus, não estou de sacanagem. Não lembro do final da história, e meu avô, que a contava com tanto desembaraço, já não vive mais para me tirar essa dúvida angustiante da cabeça. Já perguntei para muitas pessoas a respeito, já publiquei a história no jornal, implorando aos leitores que me revelassem o desfecho, ninguém me ajudou.

Mas isso realmente não importa agora. O que importa é que queria mostrar o tipo de histórias que os moradores da Rua Dona Margarida contavam naqueles saraus de antigamente.

Meu avô, aliás, era grande contador de histórias. Ele era de origem alemã e gostava de ir a um bar chamado "A Petisqueira", onde se encontrava com outros alemães. Lá eles narravam suas anedotas e riam e bebiam chopes e brindavam alegremente e comiam umas comidas alemãs deliciosas, como salsicha bock com mostarda marrom e spätzle. Quando meu avô queria abordar temas inapropriados para ouvidos infantis, falava alemão. Os outros alemães ouviam e gargalhavam, e eu ficava me consumindo de curiosidade. Um dia perguntei ao meu avô por que ele não nos ensinara o alemão, e ele respondeu que, durante a Segunda Guerra, o acusaram de ser quinta coluna.

"Nós somos brasileiros, David", ele repetia. "Somos brasileiros."

Meu avô frequentava outro bar das redondezas, de propriedade de um amigo espanhol que ele tinha, o Conho.

"O que significa conho?", eu perguntava para o meu avô. E ele:

"É um nome feio em espanhol."

De qualquer forma, o Conho (ou Coño) servia petiscos divinos no seu bar, sobretudo os feitos com frutos do mar. Foi a primeira vez que ouvi falar em "tapas".

Conheço diversas versões acerca da origem das tapas, mas a de que mais gosto foi a que me contou o próprio Conho: o rei espanhol havia criado um sistema de comunicação, espécie de serviço de correios real, baseado em mensageiros a cavalo. Esses mensageiros viajavam pela Espanha a todo galope, levando importante correspondência entre o rei e seus súditos. Eles só paravam para descansar os cavalos em alguma taberna à beira da estrada, onde aproveitavam para matar a sede e a fome. Pediam, em geral, uma caneca de cerveja, que os taverneiros, por decreto real, tinham de servir junto com uma fatia de pão temperada com azeite, especiarias, queijo ou presunto. Esses petiscos vinham em pratos que tapavam a boca do caneco de cerveja. Donde, "tapas".

Oh, as tapas, para mim, promoveram a culinária espanhola para a primeira divisão, ombreando-se com a alemã. Talvez a espanhola seja até melhor. Porque a alemã, preciso reconhecer, é demasiadamente fundamentada em embutidos, e Bismarck dizia que, se as pessoas soubessem como são feitas as salsichas e as leis, não dormiriam tranquilas.

Certas coisas, portanto, melhor não saber.

Mas, voltando aos meus avós e à sua (nossa) relação com a comida, lembro que o rosto da minha avó reluzia de contentamento quando meu avô elogiava algum prato que ela havia concebido. E ela caprichava. Uma vez, meu avô pegou tifo, o que, na época, significava morte quase certa. Quase. Não certa.

Meu avô sofreu, mas se recuperou. No dia em que ele parecia definitivamente curado, minha avó, para comemorar, preparou um arroz com camarão.

Entenda: camarão era comida de rico naquele tempo. Minha avó só fazia camarão em ocasiões muito especiais. E, naquele dia ainda mais especial, o arroz com camarão da minha avó estava... bem, especial. Meu avô, que nas últimas semanas só via canja de galinha, se repimpou de tanto comer. Repetiu. E repetiu. E é possível que tenha repetido ainda mais uma vez. Comeu tanto que passou mal. E teve uma recaída! O tifo, por alguma razão, voltou, e ele precisou passar mais quinze dias na canja de galinha.

Felizmente, minha mãe, Dona Diva, herdou da minha avó a habilidade com panelas, frigideiras e caçarolas. Eu me admirava da capacidade da minha mãe de cozinhar vários pratos em poucos minutos, e tudo ficar bom. Quando voltava de uma viagem, já ligava avisando:

"Mãe, vou almoçar aí hoje! Faz alguma coisa boa!"

Ela não fazia coisas boas, fazia coisas maravilhosas, sobretudo os molhos. O molho vermelho da minha mãe era insuperável. Nenhum restaurante três estrelas do Guia Michelin seria capaz de empatar com ela.

Aliás, tenho de dizer o seguinte: já viajei por grande parte do mundo, já estive em quase todas as grandes cidades da Europa, já morei nos Estados Unidos, já fui a Tóquio, Pequim, Kuala Lumpur e Seul, já passei algum tempo na África do Sul e, obviamente, em muitos países sul-americanos. E nunca, em nenhum desses lugares, economizei para comer. Meu amigo Ivan Pinheiro Machado repete sempre uma frase que ouviu de Millôr Fernandes: "Ninguém quebra em um jantar". Tomei como minha máxima. Gosto de investir em comida. É como penso: em comida, você não gasta; você investe. Investe em prazer, em saúde física e mental, em bem-estar, em você mesmo e nas pessoas que ama.

Então, troco com satisfação o meu dinheiro por comida. E, não, não sou um perdulário. Não uso relógios, joias ou perfumes, não gasto em roupa, não conheço marca de nada, não sou aficionado por eletrônicos, nem carro tenho. Gasto, de verdade, em livros e comida. Pois lhe asseguro: nenhum dos restaurantes que já frequentei, por mais caro e requintado que tenha sido, igualou-se à comida que faziam a minha avó e a minha mãe.

Lógico: existe o tempero da imaginação afetiva. Mas tenho cá, registrado em cartório, com firma reconhecida, o testemunho de dezenas de pessoas que não eram da nossa família e que se deleitavam quase que aos soluços quando provaram a comida que elas faziam.

Do meu apreço por comer bem e da vida simples e boa que tentei descrever surgiram as crônicas que trago neste livro.

Mas não vou começar pela comida. Vou começar pelo lugar em que se faziam as comidas. A casa dos meus avós era de madeira, com uma árvore robusta na parte da frente e um grande pátio na parte de trás. Tenho tantas lembranças agradáveis daquela casa que gostaria de morar numa igual, algum dia.

Foi sobre o que escrevi na crônica que abre este livro, que leva o título de...

UMA CASA DE MADEIRA

Ainda vou ter uma casa de madeira. Não um casarão, um sobrado: uma casinha de piso único, com sótão e porão, um pequeno jardim na frente e um corredor ao lado que leve para o pátio nos fundos.

É óbvio que nesse pátio vai haver um cachorro grande, de preferência um pastor alemão, que vou chamar de Kaiser. O Kaiser será um cachorro manso, mas imponente e disposto a mostrar os dentes de navalha para defender o dono, se necessário.

Falando em necessidades, é necessário que ao menos uma galinha cisque pelo quintal, para que eu ouça seu cacarejar durante as tardes. Uma tarde de sol, uma rede, um livro e, ao longe, o som da corneta do sorveteiro. Penso nisso e já sinto a preguiça morna a me amolentar os ombros.

Os sorveteiros ainda sopram suas cornetas nas tardes de verão? Se soprarem, darei uma nota amarrotada de dez reais que tenho no bolso para meu filho comprar um de tangerina para mim e um de uva para ele. Será que a Marcinha vai querer também? Se quiser, será Chicabon. Será que dez reais ainda compram três picolés?

Talvez monte uma biblioteca num puxadinho atrás da casa, para lá ficar escrevendo, lendo e conversando com os amigos. Talvez faça um canteiro em que plante tomates e limões. Eu tinha um canteiro quando morava no Parque Minuano, na zona norte profunda de Porto Alegre. Minha mãe dizia que tenho mão boa para plantar. Ah, e talvez, nos dias amenos das primaveras e dos outonos, possa tomar café sob a sombra da parreira do quintal.

Há uma coisa que quero muito fazer na minha casa de madeira: tirar a sesta. Meia hora depois do almoço, não mais. Vou deixar o rádio ligado na Gaúcha, para ouvir o Sala de Redação bem baixinho. Lembro que meu avô fazia isso. Eram o Foguinho, o Cid Pinheiro Cabral e o Cândido Norberto que falavam no Sala, naquele tempo, e eu gostava quando o Foguinho analisava um jogador pela foto que saíra no jornal.

O cômodo mais importante de uma casa de madeira é a cozinha. Tem de ser espaçosa, aberta como as cozinhas dos americanos, e precisa estar sempre em atividade. Numa cozinha de casa de madeira, assam-se pães e bolos. O cheiro de pão saído do forno e de café quente há de se espalhar pela minha casa de madeira e fazer a gente suspirar de leve. Então, nos reuniremos em torno da mesa, sorriremos um para o outro e veremos a manteiga derretendo na fatia de pão recém-cortada.

Não preciso de Porsches ou Ferraris. Não preciso de mansões. Não. Um cachorro no quintal, o cheiro de pão quente e sorrisos de afeto, é só do que preciso. Um dia, ainda junto tudo isso na minha casa de madeira.

HISTÓRIAS DE AVÔ

As próximas quatro crônicas têm a ver com meus avós maternos, os mesmos que citei nas páginas anteriores, Dona Dina e o velho sapateiro Walter. Em três delas, eles são diretamente citados. Mas a primeira deste lote, que vem a seguir, é especial. Porque não é uma crônica, é um trecho de um livro que escrevi no começo do século: *Canibais – paixão e morte na Rua do Arvoredo*.

Esse livro é um romance baseado em fatos reais que me foram contados, pela primeira vez, pelo meu avô. Cresci ouvindo-o narrar a história macabra do casal formado pelo açougueiro Ramos e a bela Catarina Palse.

Ramos foi, talvez, o primeiro serial killer das Américas, quiçá do mundo, já que atuou nos anos 60 do século XIX, duas décadas antes de Jack estripar prostitutas nas ruas do mal-afamado distrito de Whitechapel, em Londres.

Os crimes de Ramos foram ainda mais espetaculares do que os de Jack, H.H. Holmes ou quaisquer outros assassinos em série da época, porque envolviam diversos componentes de significado psicológico fascinante. Em resumo, o que acontecia era o seguinte: Catarina saía à noite pelas ruas de Porto Alegre e, com promessas lúbricas, atraía homens incautos para sua casa, na Rua do Arvoredo. Lá, ela de fato se entregava ao desconhecido e, depois do amor, servia-lhe um jantar suntuoso.

Ramos, escondido nos desvãos da casa, a tudo observava.

Quando o homem estava chegando ao final do repasto, um alçapão abria-se sob seus pés e ele caía no porão, onde Ramos o esperava, empunhando um grande machado. O coitado era abatido rapidamente, feito uma rês. Em seguida, a vítima era descarnada com método e repartida em postas, que Ramos salgava e temperava com critério. Nos dias posteriores, a carne era moída e transformada em pernas de linguiça, que eram vendidas a bom preço no açougue da Rua do Arvoredo. Fazia enorme sucesso, aquela linguiça tão diferente, a cidade inteira se esbaldava de comê-la – a cidade inteira tornou-se canibal.

Donde o título do livro.

Esse título, quem o sugeriu foi o historiador Décio Freitas, o homem que desenterrou a história de Ramos e Catarina do fundo dos arquivos policiais de Porto Alegre. Décio dizia que a cidade queria se esquecer daquele caso terrível, porque, afinal, muitos dos seus habitantes tinham incorrido no pecado da antropofagia.

Observe, agora, os elementos psicológicos da trama: Ramos via sua própria mulher "sendo comida" metaforicamente por um estranho, que, em seguida, comia, de verdade, linguiças que tinham sido feitas com a carne de outros homens. Logo depois, Ramos o matava e também o transformava em comida, que alimentava a população da cidade.

Eu tinha que escrever essa história, era boa demais para não escrevê-la. Escrevi. E coloquei nela um punhado do que os americanos chamam de "easter eggs": em certo momento, por exemplo, os personagens entram numa cena de *O tempo e o vento*, de Erico Verissimo. Além disso, todas as citações a respeito da cidade, dos hábitos e da história da época são verdadeiras – levei pelo menos três anos pesquisando, para ser fiel nas descrições. O protagonista é um homem chamado Walter, que era sapateiro. Cá entre nós, mas só entre nós: o meu avô.

Gostei muito de escrever *Canibais* e como, de alguma maneira, a comida está no centro da narrativa, quis extrair um capítulo e apresentá-lo aqui. Espero que você goste.

A LINGUIÇA ESPECIAL

Ramos suava com a lida. Arfava baixo. Empreendia o criterioso descarnamento do cadáver de Duarte. A primeira parte do trabalho, a mais afanosa, estava quase no fim. Ramos tornara-se perito na operação. Exercia-a com método e rapidez. Conhecia cada nervo mais duro, cada feixe longo ou curto de músculos humanos. Sabia onde cortar, onde perfurar, onde fazer uma incisão, onde haveria maior resistência ao cutelo, onde seria necessária uma faca serrilhada.

Trabalhava em silêncio concentrado, sentindo o suor a escorrer pelo peito largo, sem jamais parar. Já havia esquartejado o corpo, tendo o cuidado de separar cada junção. Quando se compreendia como o corpo humano era construído, ficava fácil. As partes se encaixavam. Ou se desencaixavam. Só se precisava ter cuidado para encontrar o local onde serrar, onde furar. Desossar também não era tão complicado, uma vez que se prestasse atenção na forma como os músculos se estendiam e nos pequenos ligamentos entre uma seção e outra.

Depois, Ramos teria de picar a carne bem picadinha, temperá-la e, finalmente, socá-la no saco feito com as próprias tripas do morto. Era a "linguiça especial", produto do açougue que fazia enorme sucesso na cidade.

Vinha gente de todas as classes, do clero, da administração municipal, vinha gente de longe, do Caminho do Meio, da Azenha, vinham todos à procura da linguiça especial feita por Ramos. Mesmo com o estoque regularmente reposto, às custas das andanças noturnas de Catarina, às vezes não havia linguiça que chegasse. Ramos se orgulhava do seu produto, de suas ações noturnas, do seu sucesso na comunidade e da riqueza que começava a amealhar.

Por isso, mourejava. Cortava um pernil em pequenos cubos e lembrava da noite anterior. Do prazer que sentira. Catarina. O horror nos olhos dela. Os gritos. Como era bom. Como havia demorado para descobrir tamanho prazer.

Catarina. Onde ela andaria agora? Não tinha total confiança nela. Uma mulher que fazia as coisas que ela fazia, que viveu o que ela viveu, que passou por tudo o que passou… Uma desavergonhada, isso sim.

Uma mulher sem moral. Verdade, ele gostava de... de ver. O que ela fizera com o magricela na noite anterior, ah, Ramos tinha certeza plena e cabal de que o magricela jamais experimentara prazer semelhante na vida. Que mulher ele tinha! Uma fêmea de verdade. Uma fêmea sempre no cio e que, ao mesmo tempo, só se sentia viva com ele, quando ele fazia aquelas coisas... A primeira vez que assistira um homem possuindo-a, oh, Deus!, ele por pouco não havia enlouquecido de excitação. Mas se enfurecia só de cogitar a possibilidade de Catarina desenvolver um relacionamento com outro. Que não pensasse em ver algum homem por mais de uma noite! Um encontro sensual, um jantar suntuoso e o homem tragado pelo alçapão. Pronto. Nada mais.

Essas saídas dela à tarde o irritavam. Essas saídas não eram destinadas à caça. Ela certamente estaria falando com outros homens, falando sobre coisas que Ramos não poderia controlar. Aliás, o que estaria fazendo agora?

A sombra do ciúme escureceu os olhos duros de Ramos. Ficou a imaginá-la rindo para os vizinhos, rindo aquele riso doce, aquele riso que o escravizava. Atirou o avental ensanguentado no assoalho. Muniu-se de um facão. Começou a subir as escadas, decidido, subitamente raivoso.

– Vou achar essa rameira! – rosnou para si mesmo, entre dentes. – Ela vai ver o que é bom!

A IMORTALIDADE EM UM DOCE DE ABÓBORA

Nunca mais comi doce de abóbora. A minha avó fazia. Você talvez não saiba a bênção que é ter uma avó que faça doce de abóbora. Era uma delícia, uma delícia. Isso que não sou muito de doce. Mas os da minha avó eram supimpas. Doce de figo, compotas de pêssego, sagu com creme.

Minha avó passava o dia inteiro na cozinha. Você chegava à casa dela e sentia o cheiro de alguma comida maravilhosa evolando-se pelo ambiente e dizia:

– Oh! Que fome!

Preparava tudo com as próprias mãos. O pão, a massa, o queijo, até cerveja ela fez, uma época, mas desistiu depois, porque algumas garrafas estouravam durante o processo de fermentação, e era a maior bagunça.

Bem na frente da casa da minha avó, tinha um açougue, o açougue do Seu Milton, gremistão devotado. Quando o Grêmio perdia, ele se trancava no quarto e ficava dois dias sem falar com ninguém. Mais ou menos pelo meio da manhã, quase todas as manhãs, minha avó pegava um prato, ia ao açougue do Seu Milton e voltava de lá com uma peça de carne. A carne não era embalada nem nada – ficava em cima daquele prato. Às vezes, a vó parava para conversar com a Dona Matilde, a vizinha do lado, e ficava de pé, com uma mão apoiada na cerca e a outra segurando o prato com a carne.

Minha mãe conta que, uma vez, minha avó mandou que ela fosse ao açougue do Seu Milton para comprar um quilo de carne. Minha mãe era criança, eu ainda não existia, para alegria do pessoal das redes. Bem. Minha mãe entrou no açougue e o Seu Milton estava sentado em um banquinho, comendo um bife. Ela não ousou fazer o pedido antes de ele terminar – naquele tempo as crianças tinham mais deferência com os adultos. Ficou olhando: Seu Milton havia deitado no prato um bife dourado e duas grandes pimentas-malaguetas vermelhas, da cor da camisa do Inter dos anos 1970. Ele cortava um pedaço de bife e um pedaço de pimenta, fincava ambos com o garfo e levava a combinação à boca. Comia com gosto. E a minha mãe, observando, salivava. Ao voltar para casa, ela pediu pra minha avó:

– Mãe, eu queria comer bife com pimenta!

Minha avó estranhou, mas atendeu. Preparou o bife e as pimentas segundo a orientação da minha mãe, exatamente como fizera o Seu Milton. Então, minha mãe sentou-se diante da iguaria, cortou um naco de bife, uma lasca de pimenta, espetou ambos com o garfo e os conduziu à boca. Comeu. E? AAAA-AAAH!, gritou de horror. Parecia que tinha mastigado uma fatia do inferno.

Minha avó fritava bifes na manteiga e os temperava com alho. Jamais esquecerei do odor daqueles bifes e, claro, do seu sabor. Tudo o que ela fazia naquela cozinha era bom. Tudo. Era um festival gastronômico diário, a mesa sempre cheia de comida. No jantar, não raro havia feijão, arroz, bife, salada, batata, ovo e alguma coisinha a mais, como quibebe. De sobremesa, talvez o doce de abóbora de que me lembrei hoje. No fim, não era o fim. Ela dizia:

– Agora, que tal um cafezinho?

Só que não era cafezinho, cafezinho: era uma xícara de café com leite, mais pão com schmier e queijo! E nós comíamos!

Como é que não tinha gordo na família, isso é que não sei.

Mas o que mais me encanta na história da minha avó é a importância que dávamos ao que ela fazia a cada dia por nós, esse mero ato de nos servir um doce em calda ou um prato de macarrão. Ainda hoje nós nos sentimos tocados ao lembrar de um daqueles acepipes comuns e ao mesmo tempo surpreendentes, de um daqueles jantares despretensiosos e ao mesmo tempo suntuosos que ela nos oferecia. É como se ela estivesse sempre conosco.

As pessoas querem se realizar como médicos, advogados, jornalistas, alguma dessas profissões acadêmicas, ou como empresários, investidores, ganhadores de dinheiro, ou até como políticos, como pessoas públicas. As pessoas almejam, muitas vezes, fama e sucesso, nem que seja entre seus seguidores nas redes sociais.

Não sabem, essas pessoas, que, se você fizer algo para os outros com dedicação, nem que seja algo singelo, como cozinhar, não sabem que basta isso para que os outros sintam o amor que você imprimiu naquela tarefa. E que isso, essa ação na aparência tão pequena, vai tornar você importante para as outras pessoas. E que isso fará com que sua vida tenha significado. E que isso, tão simples, tão puro, tão chão, fará de você, verdadeiramente, imortal.

O BAURU DO MARJAN

Nunca mais comi bauru como o do Marjan. O Marjan tinha uma lanchonete ali na Floresta, perto da sapataria do meu avô. Eram muito amigos. Eu visitava o meu avô praticamente todos os dias. Ficava com o cotovelo fincado no balcão, ouvindo suas histórias e vendo-o trabalhar. Ele tomava uma lâmina de couro duro, da espessura de um dedo minguinho, e, usando o sapato que iria consertar como molde, desenhava a lápis a sola que queria extrair. Em seguida, pegava uma faquinha afiadíssima e com ela cortava o couro no formato necessário.

Fazia isso com grande naturalidade e, enquanto fazia, conversava comigo. Contava histórias da História, do futebol, da infância dele. Cortava aquela placa de couro com tanta facilidade, que um dia pedi:

– Me deixa cortar?

Ele riu:

– Tu não vai conseguir.

Eu já era um rapagão, tinha passado dos quinze ou dezesseis anos, me achava uma fortaleza. Insisti:

– Deixa eu tentar.

Ele estendeu a faquinha.

Não consegui nem sequer dar um talho no couro, quanto mais fazer como ele, que extirpava a sola com uma só mão, como se estivesse descascando uma laranja.

Que frustração. Vez em quando, meu avô abria a gaveta à sua frente, puxava de lá uns trocos e pedia:

– Vai lá no Marjan e busca uns baurus pra nós?

Eu sorria. Ele acrescentava:

– Quantos tu quer?

– Dois!

– Pra mim um só, que não sou tão gordo.

Ia correndo. O Marjan fazia bauru com pão cervejinha bem novo, a casca crocante, o miolo fresco e quente como a primavera carioca. O bife não tinha gordura. Era temperado com alho, e tudo que é temperado com alho tem cheiro e sabor. Vinha dourado, vinha macio, via-se que não era carne congelada. O Marjan ainda acrescentava uma folha de alface e duas rodelas de tomate. E nada mais. Digno e sóbrio. Mas, às vezes, a nosso pedido, ele turbinava com um ovo frito, uma fatia de queijo num lado e outra de presunto no outro. Meu Deus! Era de comer entre suspiros e ais.

Mais tarde, vivendo nos Estados Unidos, a terra dos lanches rápidos, saí a procurar algo que se assemelhasse ao bauru do Marjan. Não encontrei. Sim, admito, tenho provado hambúrgueres que me fazem refletir acerca de toda a bondade que pode ser engastada entre duas lascas de pão, mas não com o toque do bauru do Marjan, ah, não.

Por quê? Porque naquele bauru havia a malícia brasileira, essa malícia que não raro nos torna cínicos e às vezes inconfiáveis, mas que também nos faz encontrar soluções onde ninguém mais vê, que faz Ronaldinho descobrir uma fresta que não existia na zaga inimiga, que faz a mulher brasileira dar uma quebrada de cintura de um jeito que só ela tem, quando examina uma vitrine ou quando tão somente olha o dia passar.

Sendo assim, me diga: por que todas essas novas hamburguerias no Brasil? É a globalização irrefreável? Trump vociferou contra ela, e ganhou a eleição. Um sinal de alerta.

Nada de nacionalismos toscos, nada de xenofobia, mas cada um pode cultivar o que tem de bom. Bife de carne moída? Pão do tamanho de um punho? Tudo bem, não sou contra. Mas e o bauru? O que fizemos do bauru? Voltemos às raízes. Voltemos à sóbria dignidade do bauru do Marjan.

AS TERRÍVEIS GALINHAS CARNÍVORAS

Existem 25 bilhões de galinhas no mundo.

Como sei desse número assombroso? Cito a fonte: o ótimo livro *Sapiens*, de Yuval Noah Harari, lançado pela L&PM.

É muita galinha. Em geral, as galinhas fazem um filho por dia. O que significa que, se não comêssemos frango, coraçãozinho, omelete, gemada e ovo frito, em dois dias haveria 50 bilhões de galinhas, em três, 100 bilhões, e, em uma semana, mais de 1 trilhão de galinhas estariam cacarejando pelo planeta.

É assustador.

Não sei como ninguém jamais pensou em fazer um filme de terror: *GALINHA!* Porque, pense: com essa quantidade de galinhas no mundo, é óbvio que os mecanismos da evolução seriam postos em funcionamento – não há pé de milho suficiente na Terra para alimentar tanta galinha. Elas, então, buscariam fontes de alimentação mais nutritivas, como proteínas. Ou seja: carne. Ou seja: nós. Sim! Galinhas carnívoras e ferozes passariam a atacar os seres humanos e logo tomariam conta do planeta.

O que quero dizer com isso é que o abate de galinhas não é algo ruim. Ao contrário: pode ser preventivo. Portanto, não sou contra o sacrifício de galinhas, sobretudo as pretas, nos rituais das igrejas de matriz africana, desde que elas não sofram no processo.

◆ ◆ ◆

Isso, a morte de uma galinha sem sofrimento, isso é possível. Sou testemunha. Minha avó matava galinha com destreza e frieza de assassina profissional. O que, de certa forma, ela era. Escolhia uma galinha mais gorda e de aparência tenra, caçava-a pelo pátio da sua casa nos Navegantes, colocava-a debaixo do braço direito e, com o esquerdo, ela que era canhota, torcia o pescoço do bicho. Era uma torção só, crec!, e a galinha morria sem um único có. Um fim misericordioso.

◆ ◆ ◆

Um domingo, ela queria fazer a tradicional galinha com arroz, chamou meu pai, apontou para uma que ciscava perto das hortênsias e pediu:

– Tu podes matar aquela lá, para eu preparar agora?

Meu pai se chamava Gaudêncio. Era do Alegrete. Usava bigode. Ou seja: macho. Não ia hesitar em matar uma mísera galinha.

Minha avó trouxe a penosa e a depositou em seus braços. Era uma galinha branca, muito calma, diria até doce. Meu pai ficou olhando em seus pequenos olhos de ave. Ela piscou. Fez com a garganta aquele som rouco e preguiçoso que as galinhas fazem. Meu pai estremeceu. Houve algo, naquela insignificante galinha, que lhe tocou o coração. Terá ele pensado nos pintinhos que ficariam órfãos? Terá ele pensado no galo que ficaria viúvo? Terá ele cogitado a possibilidade de a galinha também acalentar sonhos e projetos, como acalentam os humanos? Não sei. Só sei que seus braços poderosos, que na estância do tio pegavam touros pelas guampas e os submetiam no solo, só sei que aqueles braços tremeram.

Todos olhavam para o meu pai. Minha mãe, minha avó, minha madrinha, meu avô, todos, e ele não podia falhar.

Fechou a mão em torno do pescoço da galinha. Preparou-se para quebrá-lo. Encheu os pulmões de ar.

Mas a galinha, então, o encarou com tanta ternura aviária que ele deixou cair os ombros, suspirou e apertou os lábios. Não conseguia. Simplesmente não conseguia! Ao que minha avó, tomando-lhe a galinha das mãos, resmungou:

– Mas é um fresco mesmo!

E, crec!, partiu-lhe o pescoço de um golpe.

No almoço, a galinha com arroz estava ótima, mas meu pai comeu em silêncio.

DOIS ANOS SEM QUEIJADINHA

(Essa crônica foi publicada em 7 de agosto de 2000, dia do aniversário da minha mãe, no jornal *Zero Hora*. Nessa época, o Grêmio tinha assinado um contrato com a empresa suíça ISL e, com os cofres cheios de dólares, saiu às compras. Contratou jogadores caros, que, apesar disso, não estavam atuando a contento. Eu tinha que escrever sobre isso, mas queria fazer uma pequena homenagem para a Dona Diva. Misturei clube com mãe, como você verá abaixo.)

Hoje completamos dois anos sem queijadinha. É revoltante. Como superar outro inverno sem queijadinha? Como??? Inaceitável. Impensável! Mas, sim, é verdade, teremos de passar mais uma temporada sem queijadinha.

Minha mãe perdeu a receita. Ou, que horror, lhe foi roubada. Lembro de quando deparei com um prato de queijadinha pela primeira vez. A simples visão é apetitosa. Os quadradinhos cor de creme, de aparência meiga. Quando se coloca uma queijadinha na boca, então, oooh!, delícia, ela é suave e rascante, macia e consistente, doce e salgada, tudo ao mesmo tempo.

Queijadinha.

Quanta saudade.

Eu mesmo tentei fazer queijadinha, certo dia. Um fracasso. Redundou em uma pasta informe, de gosto afarinhado. Minha madrinha Sônia, sempre tão solícita, também se esforçou para encontrar a fórmula certa da verdadeira queijadinha. Nada. Saiu mais foi uma polenta mole, desandante. No começo deste outono, meu irmão Régis telefonou-me, aflito:

– Temos que fazer alguma coisa! Temos que tomar uma atitude!

Mas nem ele sabia dizer o que fazer ou qual atitude tomar.

Lastimável.

Dois anos sem queijadinha. Quanto pesar.

Sei que leva cem gramas do mais puro queijo ralado, outras cem de coco baiano igualmente ralado e uma xícara de alvíssimo açúcar refinado no Nordeste. Agora, alguém por favor me diga: quantos ovos, precisamente? Ahn? E qual a quantidade exata de farinha, você pode me dizer? Nem da manteiga sei bem quanto se acrescenta, apenas intuo que é bastante. Oh, Céus, que perda.

Ontem, afinal, surgiu uma ideia que parece iluminada. Minha irmã Sílvia, que é psicóloga, propõe levar a mãe a um hipnoterapeuta. O homem a faria regredir até chegar ao 8 de julho de 1998, feliz dia da última queijadinha das nossas vidas. Será que funciona? Um hipnoterapeuta é capaz de nos fazer lembrar fórmulas perdidas, rostos esquecidos, momentos soterrados pela rotina? Um hipnoterapeuta é dotado de tamanho poder?

Então... então... então um hipnoterapeuta poderia fazer jogadores de futebol retomarem faculdades perdidas! Com mil bisontes, como diria Tex Willer para o velho rabugento Kit Carson de cima de uma das mesetas da reserva comanche do Wyoming. Sim, com mil bisontes, talvez seja isso que esteja faltando ao Grêmio! Basta contratar um bom hipnoterapeuta, fechá-lo em uma sala com os jogadores, diminuir a luz até a penumbra e:

– Vocês vão dormiiiiir, vão dormiiiir... Estão com soooono... Muuuito sooooono... suas pálpebras estão pesaaaaadas... Vocês querem repousaaaar...

E, plim!, o Roger, o Astrada, o Paulo Nunes, o Danrlei, o Zinho, todos eles vão lembrar como faziam. É isso! Descobri! Um hipnoterapeuta salvará o Grêmio no próximo Campeonato Brasileiro. E, principalmente, nos trará de volta a queijadinha. Por favor, outro ano sem títulos, tudo bem, mas não vou aguentar mais um ano sem queijadinha!

COMIDA ALEMÃ

Uma vez eu estava em Bensberg, cidadezinha que fica perto de Bergisch Gladbach, que fica perto de Colônia. Alemanha.

Bensberg. Terá uns 5 mil habitantes, se tanto. Um lindo lugarejo. Bucólico, obviamente. Flores e passarinhos e casinhas com cerca branca, toda aquela coisa. Estive lá durante a Copa de 2006.

Aconteceu que, num sábado, nós conseguimos uma folga. Todos os colegas da equipe decidiram ir para Colônia, a fim de sorver as delícias da cidade grande. Eu não. Eu quis ficar em Bensberg.

Fazia um belo sábado, digno da glória dos sábados, com uma luz que encharcava a manhã e uma temperatura suave como a carícia da mulher amada. Saí caminhando do castelo em que estávamos hospedados. Sim, estávamos em um castelo. Na verdade, um antigo mosteiro que parecia um castelo, uma construção majestosa e algo ameaçadora encarapitada no alto de um monte. Podia ser locação de filme de terror. Meu quarto era a célula de um velho claustro. Às vezes imaginava a freira que ali viveu. Suas noites solitárias, sua devoção encanzinada. Olhava para o pé da cama e pensava que ela devia ter feito suas orações ajoelhada bem naquele lugar, as mãos postas, os olhos cerrados, a mente e o coração concentrados no Altíssimo. Teria agonizado no quarto em que eu dormia, a bondosa irmã? Naquela mesma cama em que me deitava? Seu espírito silencioso ainda vagava por lá de madrugada dentro do seu hábito negro?

Mas tergiverso. Contava que saí caminhando do castelo em que estávamos hospedados e caminhando fui até o centro de Bensberg.

Então, entrei no paraíso.

A rua principal de Bensberg é um calçadão. Lá, numa praça central, havia uma feira com quiosques que vendiam todos os tipos de iguarias, de frutas e legumes frescos a salsichas, e também sorvetes deliciosos e doces e, é claro, chope.

Pedi uma caneca de chope, aboletei-me numa cadeira de palha, finquei os cotovelos numa das mesinhas espalhadas pelo local e fiquei observando os alemães. Eles iam à feira com cestas de vime penduradas nos braços, homens e mulheres sorridentes, com seus filhos, dois, três filhos por casal, filhos esses que eles deixavam soltos, a correr pela praça. Eles conversavam com os feirantes, faziam compras, depois se sentavam e ficavam bebendo seus chopes cremosos e comendo queijo e salame e outros acepipes, e riam com os amigos todos que tinham vindo dos quatro cantos da cidadezinha.

Pus-me a pensar sobre a vida tranquila e, aparentemente, perfeita que viviam aqueles alemães. Sua pequena cidade era bonita, arejada e limpa. Era minúscula, decerto que era, mas dotada de bons restaurantes, dois ou três cinemas, um teatro e bares com mesinhas na rua.

Aqueles alemães, eles trabalhavam pouco, mas o salário não era pouco, eles viajavam pela Europa nas férias e passavam finais de semana aprazíveis nos recantos da velha Alemanha. Deviam ser muito felizes.

Foi aí que estaquei.

Seriam mesmo muito felizes? Ou será que aquele sujeito alto que mordiscava, sei lá, um torresmo talvez, tinha jeito de torresmo, pois será que aquele comedor de torresmo não estava insatisfeito no casamento e desejava secretamente aquela sílfide casada com seu amigo que lhe contava uma anedota alemã? E a sílfide, quem sabe ela queria ter sido bailarina em vez de ter parido os três filhos ruidosos que corriam em volta da mesa. E aquele outro sujeito vermelho que comprava pepinos em conserva, talvez ele quisesse ser cantor ou compositor ou ator ou jogador de futebol, e a vida sempre igual de Bensberg o deixasse frustrado como um canário na gaiola. E aquela outra menina tão graciosa com seu filho pequeno, ela poderia se sentir uma fracassada na vida, apesar de pisar no solo do planeta com tanta confiança, ela poderia, no recôndito do quarto, escrever poemetos e sonhar com a glória que jamais virá.

Não, não, não, a vida ideal não é garantia de felicidade. Ou pelo menos não é garantia de ausência de sofrimento. As pessoas sofrem, neste Vale de Lágrimas, como diria Jesus. Mas o sofrimento, para alguns, pode ser sublime. Dante. Se Dante tivesse casado com Beatriz, se ela não o tivesse preterido por um florentino mais garboso e menos talentoso, se Dante fosse bem-sucedido no amor ele não teria erigido sua obra imortal e fundado a língua italiana moderna.

Michelangelo. Era outro que sofria. Michelangelo tinha problemas por ser homossexual. E quem disse isso não foi nenhum autor de biografias não autorizadas do século XVI. Foi Freud. Freud passava horas analisando a estátua do Moisés, naquela igrejinha perto do Coliseu, e, analisando-a, concluiu que Michelangelo tinha sérios problemas. Escreveu um livro sobre isso. Assinou-o sob pseudônimo e só assumiu sua autoria no fim da vida. Michelangelo sofria, pois, e Van Gogh mais ainda e também o surdo Beethoven e o mal ajustado Mozart e Dostoiévski idem e ibidem.

    Esses homens construíram com seu sofrimento, com sua dor, com seu sangue, com suas próprias entranhas eles construíram obras-primas que tornaram mais elevado o ser humano. E você? O que você está fazendo com a sua dor? Não a desperdice indo à praia. Sofra direito. Seja grande.

O FEIJÃO MEXIDO E
O OVO FRITO PERFEITO

Alguém algum dia descobriu um feijão mexido es-pe-ta-cu-lar num bar ali na Floresta.

Delicioso feijão mexido, sim, mas o importante nem era isso. O importante é que era barato. Formávamos uma turma de duros. Um ganhava um salário mínimo, o outro um e meio, o terceiro dois. E deu. No máximo, dois.

Aquele feijão mexido era o seguinte: custava em dinheiro de hoje uns três reais. Três reais! Então, quando tudo parecia perdido e a fome estrangulava nossos estômagos sensíveis, íamos passear no bairro Floresta. O feijão mexido aterrissava fumegante na mesa, bem temperado, com nacos de linguicinhas de porco da espessura de um minguinho, e aí a gente espargia um fio de azeite de oliva em cima e salpicava de molho de pimenta, ah...

Mas o melhor de tudo era o ovo. Preciso muito falar sobre aquele ovo. O ovo perfeito.

Frito, evidentemente. Mas não qualquer ovo frito. O ovo frito perfeito.

Acho engraçado quando as pessoas se referem a alguém que não sabe cozinhar como alguém que não sabe sequer fritar um ovo. Fritar um ovo não é para amadores. Em primeiro lugar, há que se desenvolver a ciência de quebrar a casca do ovo sem lesionar a gema. Faz-se necessário um golpe seco, determinado, mas nunca violento. A casca deve se romper em definitivo, sem rachaduras, mas a membrana da gema, essa película tão meiga, não pode ser atingida. Tente fazer isso em casa e verá como é difícil.

Antes, porém, de a casca ser fraturada, o óleo ou a manteiga devem estar fervendo na frigideira. Eis outra sutileza de ourives: o óleo tem de estar fervendo, sim, mas não queimando. Preste atenção: não pode queimar!

O passo seguinte é deitar languidamente o ovo na frigideira quente, com a gema para cima. Mais uma vez, o cozinheiro há de ser duro sem perder a ternura. O ovo despido da casca, fragilizado, exposto, ele e sua instável clara, ele e sua suscetível gema, esse ovo deve ser tratado como uma mulher que o amante já beijou na boca, já lhe acariciou todo o corpo tenro, já ergueu nos braços e a conduziu, feito uma noiva, em direção ao leito do amor. Essa mulher e esse ovo esperam ser estendidos docemente em seu destino, ela sobre os lençóis macios, ele sobre o chão cálido da frigideira, e, se este gesto for feito com desenvoltura, ambos se abrirão para o seu dono, para o seu conquistador, para o seu cozinheiro, a mulher ainda arfante na expectativa do pecado, a gema ainda intacta à espera do calor da fritura.

Encerrado o trabalho?

Nada disso!

O tempo de fritura exige precisão de física nuclear. Porque a gema necessita-se dela mole como a defesa do Inter, e a clara sólida, mas não seca. As bordas, por outro lado... ah, eis a arte!, as bordas hão de ficar crocantes e douradas, só que nunca, nunca!, torradas.

Por fim, que haja critério com a pitada de sal. Sal em demasia pode arruinar um ovo frito. Tenha comedimento, tenha parcimônia. Mas não ouse economizar, ou o ovo restará insosso como uma segunda-feira na rodoviária de Araranguá.

Aquele ovo frito que reinava sobre o cômoro de feijão mexido no restaurante da Floresta era um ovo perfeito, e mais do que isso: um ovo infalivelmente perfeito. Sempre saía como tinha de sair, com suas bordas douradas, sua clara sólida, sua gema mole, com o sal na medida exata. Como o cozinheiro sempre conseguia? Como é que ele jamais errava? Nem um único ovo frito que saía de sua cozinha falhava. Como isso? Um mistério.

Bem.

Um dia, conhecemos o cozinheiro. Por algum motivo, ele saiu da cozinha, e o garçom o apontou para nós:

– É ele!

Não resistimos. Chamamos o homem. Era um sujeito de altura mediana, careca, meio gordinho, de passo lento e olhar enfarado. Aproximou-se relutante, vestido com avental branco e tênis Motoca. Perguntei, ansioso:

– Por favor, me diz: como é que se faz aquele ovo frito perfeito? Como???

Ele atirou um sorriso desanimado na toalha da mesa e deu uma resposta que foi uma resposta de um Romário, de um Cristiano Ronaldo, de um Ronaldo Nazário, de um desses centroavantes que, como autênticos centroavantes, decidem campeonatos com sua presença ou com sua ausência. Disse assim:

– Eu sei fazer.

E girou dentro daqueles tênis Motoca. E arrastou seu desalento de volta para o recôndito da cozinha.

PRATO FEITO

(Em 2014, eu, minha mulher e meu filho nos mudamos para os Estados Unidos. O lugar exato em que morei chama-se Brookline, que poderia ser considerado um bairro de Boston, mas não é. Brookline é uma *town*, uma cidade independente, com seu próprio sistema educacional e sua própria polícia, embora, geograficamente, se situe no centro de Boston. Brookline não tem prefeito, tem cinco conselheiros eleitos pela população, que chega a 50 mil pessoas. É um dos lugares mais arborizados e mais amistosos que conheci. Vivi lá durante seis anos e não tenho nada, absolutamente nada, para falar mal da cidade ou de seus habitantes. Exceto, talvez, da extensão do inverno e do fato de que lá não tem Prato Feito.)

Uma coisa de que sentia falta no norte da América era o à la minuta, o chamado Prato Feito. Nenhuma comida é mais brasileira do que o à la minuta, nem feijoada, nem farofa, nada. Você chega a um boteco do Centro e vê escrita a equação no quadro da calçada:

"À la minuta + refri = R$ 10".

É nesse que vou.

Você entra, se aboleta em frente à mesa de fórmica e, em três minutos e meio, verá, debaixo do nariz, um prato com arroz branco soltinho, feijão-preto temperado com linguiça, salada de tomate e alface, batatas fritas do tamanho de um dedo, um bife dourado de um palmo de largura e, por cima de tudo, dois ovos fritos com as gemas moles, as claras duras e as bordas tostadas.

Do que você precisa mais?

Da Coca gelada, claro.

Só no Brasil uma refeição tão singelamente deliciosa custa tão pouco. Ou, pelo menos, custava, quando eu trabalhava no Centro e pagava meu almoço com vale-refeição.

Ah, recordo de Pratos Feitos gloriosos, para os quais olhava sorrindo em meio a um suspiro de prazer. E, em seguida, cortava um quadradinho simétrico de bife, mas não o comia. Não ainda. Deixava-o descansando num canto do prato e abastecia o garfo com feijão e arroz misturados e também com um pouco da gema amarela que eu havia adrede preparado, espetando-a com decisão e vendo o creme luminoso escorrendo sobre o monte branco do arroz. Só então, depois de ter equilibrado sobre o garfo a mescla de arroz, feijão e ovo, eu fincava o naco de bife e levava tudo à boca. Meu sonho sempre foi juntar nesta garfada também uma batatinha frita, mas aí seria um excesso. Batatinha incluída é tarefa para os destemidos.

Você, que é fino, há de considerar esse meu almoço rude demais, vulgar demais, bruto até. Seja. Reconheço que, dentro de mim, vive ainda, e sempre viverá, o subúrbio porto-alegrense, com seus botecos com ovo em conserva sobre o balcão e croquete na vitrine.

O fato é que o Prato Feito, ainda que afrancesado em à la minuta, é o príncipe das refeições brasileiras, é o símbolo da dignidade do trabalhador. Todo trabalhador deveria comer um Prato Feito ao meio-dia, tendo tomado média com pão e manteiga no café da manhã. Ele tinha que pedir um cafezinho de cortesia ao pagar a conta e sair conversando com o colega de trabalho sobre o novo centroavante que surgiu nos juniores do seu time. Ao chegar de volta à firma, ele disfarçaria uma ida ao bebedouro só para dar uma espiada naquela menina do DP que tinha ido trabalhar de calça branca. Depois, comentaria com os amigos que ela lhe mandara uma olhada meio de lado, com jeito de que queria coisinha, eles dariam risada, dizendo que ele era um baita de um mentiroso, ele riria de volta, concordando um pouco, e todos se acomodariam em seus postos, prontos para recomeçar a lida, não sem antes ele comentar:

– Cara, tava muito bom o bife, hoje, no bar ali da esquina.

ELA PEDIU TORRESMO

Estremeci, quando ela entrou no bar. Era uma morena portentosa. Usava minissaia e, como fazia frio, aquelas meias que as mulheres usam, e tinha coxas desse tamanho, e um, como se diz?, derrière redondo e empinado, e seios eretos de orgulho, e um rosto de menina desamparada, e sentou-se sozinha no bar e fez um pedido que me deixou arrepiado:

– Torresmo!

Uma mulher que come torresmo! Não podia acreditar.

Mas o torresmo chegou, que aquele era um dos poucos bares da cidade que serviam torresmo, e ela comeu com gosto, estalando os lábios e bebendo chope preto. Naquela noite, sonhei com aquela mulher se lambuzando toda com torresmo.

Na semana seguinte, ela entrou de novo no bar e de novo estava sozinha e sentou-se à mesma mesa e fez um pedido que não consegui ouvir. Vinte minutos depois, o garçom aterrissou à mesa dela um prato de feijão mexido com dois ovos fritos em cima. Ela furou os ovos com o garfo, a gema se derramou no feijão, depois ela misturou tudo. Por fim, temperou com pimenta vermelha e comeu até raspar o prato.

Assisti a tudo com lágrimas nos olhos.

Mais uma semana se passou, e eu pensando nela. No sábado, demorou, já estava ansioso, mas, por volta das duas da madrugada, ela irrompeu pela porta adentro, sentou-se e ordenou que o garçom trouxesse... linguiça frita! Não consigo esquecer daqueles lábios carnudos untados pelo óleo da linguiça. Que imagem mais doce, mais sensual...

Eu não sabia mais o que fazer.

Queria falar com ela, abordá-la de alguma forma, mas ela nunca havia sequer me dado um olhar distraído. Já estava à beira do desespero. Para piorar, ela desapareceu. As semanas iam se passando, eu ia ao bar todas as noites, ficava olhando para a porta, ansioso, e nada dela. O inverno ia terminando, e minhas esperanças também. Um sábado, resolvi traçar um denso mocotó com meus amigos. Por volta das duas da tarde, entrei no restaurante e quem avistei? Isso mesmo: ela!

Sentada no fundo do salão, com uma garrafa de vinho tinto sobre a mesa, ela sorvia, concentrada, um generoso prato de mocotó. Não me contive. Gritei bem alto, fazendo todos os fregueses olharem para mim:

– Ela come mocotó! Uma mulher que come mocotó!

E, sem ligar para convenções ou aparências, me atirei a seus pés, agarrei seus tornozelos e solucei:

– Le amo! Le amo!

A NOITE DO TOMATE GAÚCHO

A noite porto-alegrense já se erguia a razoável altura e estávamos famintos e sedentos, eu e o Ivan Pinheiro Machado, e então resolvemos matar a fome e saciar a sede com a cozinha honesta do Bar do Beto.

Entramos, nos aboletamos a uma mesa de canto, o velho garçom Dinarte se aproximou com seu velho sorriso, e eu:

– Dinarte, o que é que tem de bom aí para dois homens que sentem fome na noite?

O Dinarte não titubeou. Baixou a voz, inclinou-se para mais perto dos nossos ouvidos curiosos e recomendou, como se segredasse:

– Tem um tomate gaúcho ali na cozinha que está es-pe-ta-cu-lar.

Olhei espantado para o Ivan, e o olhar que ele me devolveu não parecia menos espantado. Era a primeira vez que um garçom me oferecia tomates.

Não tomates, aliás: tomate. Um deles, um único em especial, que o Dinarte devia estar observando há horas, sempre que incursionava pela região conflagrada da cozinha.

Não sou homem de comer saladas, francamente, prefiro animais mortos, mas a sugestão do Dinarte me comoveu pela especificidade, pelo pormenor que só é percebido por quem se interessa pelo que está fazendo. Outro garçom, menos atento, jamais daria atenção a um tomate solitário na cozinha do restaurante e nem o indicaria como a joia da coroa da casa. Decidi-me. Dei um soco na mesa:

– Traga esse tomate, meu bom Dinarte! E alguma coisa mais.

O Dinarte se foi, satisfeito, e, quando voltou, trouxe com ele, esparramado em fatias numa travessa prateada, como se fosse Cleópatra se oferecendo a Júlio César, um tomate do tamanho de um melão, rubro feito pudor de virgem, luzidio como luzidias são as pernas da Megan Fox, de aparência suculenta, como suculentos são os lábios de Scarlett Johansson. Como coadjuvantes, vinham aqueles que, em outras circunstâncias, seriam atores principais: uma panela de carreteiro de charque e uma porção alentada de feijão mexido, bem temperado com salsinha, óbvio.

Dois minutos depois, distribuí no prato branco três colheres de carreteiro de charque e, ao lado, deitei uma de feijão mexido. Duas fatias do tomate gaúcho, cada qual com o diâmetro de um pires, foram suficientes para cobrir esses dois amáveis outeiros. Piquei-as com critério, espargi sobre tudo molho de pimenta e quatro fios de azeite de oliva, e pronto.

Sim, senhor.

O tomate gaúcho estava es-pe-ta-cu-lar.

Foi o melhor tomate que já comi na vida, e duvido que venha a provar outro igual, enquanto estiver mastigando pelos bares do mundo. Claro, tudo graças ao zelo do Dinarte. Ao seu capricho. O que me faz lembrar do meu avô, que vivia sempre a repetir:

– Capricho, David. A gente tem que fazer as coisas com capricho.

Parabéns a todos os garçons caprichosos da noite do mundo. Parabéns aos tomates gaúchos de todas as querências!

O BOM USO DO TOMATE

Não consigo imaginar a vida sem tomate. Não pelo tomate em si, mas por seus nobres derivados, os molhos vermelhos, densos, olorosos, que dão alma e sabor às massas.

Ainda hoje há quem se valha do tomate tão somente como o fruto que é. Tomam-no com as mãos nuas e desferem-lhe dentadas vulgares tais quais desfeririam numa... maçã. Bárbaros. Coreanos fazem assim. Tomate, os coreanos não o põem nem nas saladas. Não passa de uma reles fruta que se consome crua, sem adereços ou solenidade. Bárbaros, bárbaros.

Inexplicavelmente, a Humanidade sobreviveu milênios sem usufruir de tudo o que o tomate pode propiciar. Só no século XVI é que os napolitanos compreenderam suas possibilidades. O tomate mal havia chegado das Américas. Por essa época, os italianos do sul tinham o hábito de comer um pão espesso, mais parecido com uma torta, a que davam o nome de picea. Um dia, algum cozinheiro napolitano mais ousado temperou a crosta da picea com sal, azeite de oliva e especiarias e, sobre essa fina camada de tempero, espalhou pedaços mínimos de tomate. A seguir, levou o conjunto ao forno. Presto! A pizza acabava de ser inventada.

Outro produto das Américas sensivelmente melhorado pelos europeus foi a batata. Atribui-se ao cruel Francisco Pizarro, o devastador do império inca, a importação das primeiríssimas batatas pelo Velho Continente, mas o nome pelo qual o tubérculo se consagrou é obra de um inglês, o pirata Francis Drake. Ocorre que, em meados do século XVI, Drake aportou em algum ponto da América Central e seus marinheiros travaram bem-sucedidos contatos com os nativos. Tão bem-sucedidos que um deles namorou a filha do chefe, uma linda jovem chamada "Potato". Quando os ingleses anunciaram que iam partir, o chefe ergueu o braço.

– Peraí – protestou, apontando para o marujo sedutor. – Aquele lá vai ter que se casar com a minha filha.

Drake disse claro, claro. Mas tinha um plano em mente: à noite, reuniu seus homens e, à sorrelfa, embarcou todos nos navios e fez-se ao mar. Os índios, percebendo a fuga pusilânime, correram atrás deles, atirando-lhes lanças e flechas. Terminada a munição, o jeito foi jogar batatas. Foram essas que Drake, ao chegar à Velha Álbion, assou e serviu a ninguém menos do que Elizabeth I, a chamada Rainha Virgem, que, apesar do apodo, era amante dele. Durante o banquete, deliciada, Beth perguntou qual era o nome da iguaria. Drake, piscando para o marinheiro amigo que salvara do casamento, respondeu:

– Potato.

Não é uma beleza de história intercontinental? São mesmo muito benéficas as trocas entre essas tão diferentes partes do mundo. Também das Américas é o chocolate, sublimado pelos suíços. E o milho, que originalmente era pequeninho, do tamanho de um polegar. E o feijão, a abóbora, o tabaco, a pimenta. O aipim, codinome mandioca, é brasileiríssimo. A manga, africana. O eucalipto, australiano. Já os europeus trouxeram para as Américas um animal que aqui havia surgido, mas que fora extinto durante a Era Glacial: o cavalo. Além da vaca, do porco, da cabra e até o meigo coelho.

Agora me diga: como é que alguém ainda pode ser contra a globalização?

A FEIJOADINHA

Uma feijoadinha tem que começar com o bom feijão. Compre um quilo na descida da Serra. À noite, bote de molho. Na manhã seguinte, a panela irá para o fogo.

Tome então uma ripa de costelinha de porco defumada. Uma ripa do tamanho de um teclado de laptop. Corte-a criteriosamente e jogue cada costela no feijão já fumegante.

Atenção: é importante, é FUNDAMENTAL, que uma chaleira de água fervente esteja ao lado da panela do feijão. É essa chaleira, e não a água fria, que hidratará a feijoadinha. Porque se você despeja água fria na fervura provocará um choque térmico nos grãos e o feijão fica duro. Física pura. Einstein.

Em seguida, pique o bacon bem picado. Pique, pique, pique. Espalhe-o na frigideira já quente. Quando a gordura estiver escorrendo pelo fundo da frigideira, deposite ali o alho e a cebola minimamente picados. Mexa e remexa.

Agora é a hora da linguicinha. De preferência uma com tempero médio, pimenta média, tudo médio. Extraia a pele feita com a tripa do porco, amasse a linguiça e junte tudo à cebola, ao alho e ao bacon que estão refogando e chiando na frigideira. Mexa e remexa.

Agora, tudo vai para a panela do feijão.

Mais duas colherinhas de sal.

E um toque final: um cubo de caldo de carne.

Abaixe o fogo. Com uma colher de pau grande, vá mexendo para não deixar que o feijão grude no fundo da panela. Mexa amorosamente.

Ao cabo de duas horas, tudo estará misturado, transformado em um creme oloroso.

Faça o arroz, a couve com alho e bacon. Descasque a laranja. Ponha a farinha na mesa. E, é claro, abra aquela cervejinha bem gelada.

Bom domingo para você.

MASSA COM SALSICHA, ESSA INJUSTIÇADA

Massa com salsicha ainda se tornará um cult. Massa com salsicha é como os romances noir. Houve um tempo em que os romances noir, os romances policiais, eram considerados subliteratura. Eram a massa com salsicha do mundo dos livros. Aí, H.L. Mencken entrou em ação. Mas, antes de dizer o que Mencken fez a respeito, preciso enfatizar que ele foi um dos maiores jornalistas de todos os tempos. Coisas que escreveu há um século se aplicariam ao que acontece hoje, inclusive no Brasil. Como: "O pior governo é o mais moral. Um governo composto de cínicos é frequentemente mais tolerante e humano. Mas, quando os fanáticos tomam o poder, não há limite para a opressão".

É o que sempre digo: a hipocrisia salva.

Mas o que importa foi o que Mencken fez acerca dos romances noir: ele fundou uma revista, a *Black Mask*, que publicava contos de gente como Raymond Chandler e Dashiell Hammett. Logo, a revista se tornou popular, os grandes da literatura noir foram sendo conhecidos e viraram o que são: clássicos.

Numa das vezes em que entrei nos Estados Unidos, estava com um livro de bolso... bem, no bolso. Do casaco. Era um livro policial de capa amarela mole e páginas de papel escuro. O guarda da imigração o avistou, apontou e exclamou:

– Ah! Classic!

Eu respondi:

– Yeah!

Hoje, o mundo reconhece o poder do texto de um David Goodis, de um James Ellroy, de um Ed McBain.

Chegará o tempo em que o mundo reconhecerá as delícias da massa com salsicha, e esse prato divino será servido nos restaurantes de três estrelas do Guia Michelin, em Paris.

Lembro de um dia, não muito tempo atrás, em que estávamos na praia, um grupo grande de amigos. Todos sentiam fome, ao que anunciei:

– Vou fazer uma massa com salsicha!

Meu amigo Admar Barreto, que é um gourmet, torceu o nariz e sentenciou:

– Não passará!

Jurou que jamais, em sua língua amestrada a suflês, deitar-se-ia um vulgar bocado de massa com salsicha. Que fazer? Baixei a cabeça e comecei a preparar à bolonhesa.

O que o Admar não sabia, e que poucos sabem, é que você pode adquirir, digamos, um vidro de salsicha Frankfurt importada da Alemanha, a terra soberana das salsichas. Sim, você pode munir-se de um vidro de Frankfurt e, antes de abri-lo, refogar a cebola e o alho na gordura que escorreu do bacon aquecido em fogo baixo. Em seguida, com a cebola, o alho e as finas fatias de bacon crepitando feito lenha na lareira do inverno, você pode acrescentar as salsichas. Enquanto elas douram lentamente, como ninfetas se dourado ao sol da Praia Brava, você poderá também picar tomates vermelhos e maduros, pelo menos seis deles, dos luzidios, do tamanho do punho de um homem. Em seguida, você acrescentará o tomate ao refogado com salsicha e mexerá com uma colher de pau. Mexerá docemente. Talvez você ache prudente colocar um fio d'água. Tudo bem, desde que tempere com pimenta-do-reino, molho inglês, uma colher de mostarda e duas de ketchup. Mais uma pitada de sal e, isso é certo, você terá na panela um molho denso como um romance de Proust, vermelho como a camisa do Inter, cheiroso como a primavera. É claro que o macarrão estará esperando, prontinho, no escorredor de massa. Você o besuntará com um tablete de manteiga da espessura de uma caixa de fósforos Paraná e aí misturará tudo, a massa e o molho, unidos e inseparáveis, como um adolescente e seu celular. Enquanto a massa estiver fumegando, despeje por cima, e com fartura, queijo parmesão. Sirva com um tinto que o paladar refinado do meu amigo Admar aceite.

Voilà!

O guarda americano, ao avistar seu prato, diria:

– Ah! Classic!

E você:

– Yeah!

FOTOS DE COMIDA

Sinto a maior simpatia por pessoas que tiram fotos da própria comida. O sujeito está prestes a jantar uma macarronada com vinho tinto, cessa tudo, registra e, orgulhoso, coloca a foto nas redes sociais. De certa forma, ele está partilhando aquela refeição conosco.

Compartilhar uma refeição é dos maiores atos de congraçamento, senão o maior. Quando você come na companhia de outra pessoa, está dividindo com ela algo que fará parte de ambos. Haverá um pouco do mesmo em vocês dois, ainda que vocês estejam comendo pratos diferentes. Porque aquele é um momento de intimidade fisiológica, de consórcio de organismos na idêntica e suprema função de sobrevivência da espécie.

Jesus sabia disso. Quando queria reforçar a união das pessoas em torno dele, o fazia durante um repasto. Não por acaso, a Última Ceia foi, exatamente, uma ceia. Não por acaso, a liturgia da comunhão se dá no ato de comer e beber. O pão é o corpo de Cristo, o vinho é seu sangue.

Pessoas que comem e bebem juntas realizam, pois, uma comunhão. Por isso, comer na companhia de uma pessoa desagradável faz mal.

Então, o sujeito que manda fotos de um churrasco suculento não está só querendo se exibir; está querendo dizer que gostaria que você estivesse comendo aquilo também, que estivesse lá com ele.

Uma pessoa que admira comida, em geral, é uma pessoa de bem com a vida. E admirar, que digo, é no sentido de apreciar com encantamento, como você se comove com o olhar doce de uma mulher.

Coisa linda é ver um gordo olhando para a comida. Uma vez escrevi sobre um gordo da Redação que, todos os dias, precisamente às quatro da tarde, ia comer um Chokito. Ele pegava aquele Chokito no bar e voltava para a mesa dele, imagino que para aproveitá-lo sozinho, concentrado, sem ter de ficar conversando com ninguém. Então, ele descascava o Chokito como se estivesse descascando uma banana. Dava-lhe uma mordida. E, enquanto mastigava, ficava olhando para o Chokito em sua mão, rodando-o de um lado para outro, analisando-o como se fosse uma joia. Ali estava um homem na plenitude de seu próprio ser. Ele não precisava de mais nada na vida além de aquele Chokito. Um gordo e sua comida também realizam uma comunhão.

Entendo todas as questões de saúde e tal, mas lamento um pouco a progressiva extinção dos gordos na nossa sociedade. Não estou falando de pessoas "acima do peso". Estou falando dos gordos autênticos. Os que são chamados de "gordinhos".

Um gordo, se ele está comendo, não fará mal a ninguém, não planejará nenhuma solércia, não será movido pela malícia. Ele só quer comer.

Mas outro dia alguém postou uma foto de um pepino no Facebook. Não era um pepino inteiro, que algum gaiato dirá ter conotação fálica. Não. Era um pepino cortadinho em rodelas do tamanho de moedas de um real. Não estava nem temperado, aparentemente. Estava apenas fatiado melancolicamente sobre um prato. Aquilo me deixou intrigado. Um pepino em fatias. Alguém estava convidando outras pessoas para comer pequenos círculos de pepino sem tempero. Como a vida é vasta e variada. Como as pessoas são diferentes.

Tenho certeza de que o autor daquela foto é um magro, um triste magro. Ele deve passar os almoços contando calorias. Ele nunca come massa, come carboidratos. Ele nunca bebe, ele se hidrata.

Aliás, ele provavelmente bebe só água. Um suquinho, quando muito. E ele come com talheres de plástico e em pratos de papelão. De pé. Não confie em alguém assim. Um amante de pepinos fatiados não ama a vida.

O CARRETEIRO COM
SOBRAS DE CHURRASCO

Certa noite, na Praia Brava, uma linda jovem preparou uma refeição para nós vestindo biquíni de crochê. Branco. O biquíni era branco.

Lembro bem daquela cena. Não lembro da comida, mas da forma como foi feita jamais esquecerei. Como poderia? Foram verões históricos. Durante nove deles, em sequência, nós alugamos uma casa na Brava, e o Senhor viu que era bom.

Conto isso porque o Diogo Olivier carregou essa doce lembrança para o Sala de Redação, na semana passada. Falávamos de tradições gaudérias, a propósito do 20 de setembro, e logo alguém mencionou o arroz de carreteiro e o Pedro Ernesto, pândego que é, desdenhou de mim, dizendo que eu não sabia nada acerca de cozinhar um ótimo carreteiro. Pois o Diogo fez justiça. Testemunhou:

– Lá na Praia Brava o David cometia excelentes carreteiros com sobras de churrasco.

É verdade. Para provar, recitei a receita rapidamente. Alguns ouvintes gostaram, pediram que a repetisse, e o farei a seguir.

O ideal, claro, seria conceber o carreteiro em um ambiente tão inspirador quanto era aquele nosso. Tínhamos um núcleo duro de amigos que alugava a casa por um conjunto alentado de dias. Os outros iam chegando. Um ficava dois dias, outros três, havia quem se encostasse por uma semana. O rodízio era intenso.

O Professor Juninho e o Degô tinham uma particularidade: eles dormiam até as quatro da tarde. Então, acordavam e iam fazer o desjejum, composto por cerveja e churrasco. Aquele churrasco se iniciava por volta das cinco, cinco e meia da tarde e se prolongava noite adentro. Enquanto isso, as coisas iam acontecendo. Pessoas chegavam e saíam da casa, casais novos se formavam, casais antigos se desfaziam, alguém desaparecia e reaparecia horas depois, uns jogavam carta, outros jogavam bola, todo mundo jogava conversa fora. O som rolava alto. Eu colocava um CD do Clapton com o B.B. King, faixa 6: "*Help the poor... Won't you help poor me...*".

Chegava uma hora em que o churrasco acabava e as cinzas esfriavam, mas não a disposição do pessoal. Resultado: em alguma esquina da madrugada, a fome voltava com a fúria das ondas da segunda rebentação. Então, o degas aqui era convocado.

A essa altura o Juninho já havia apelado para o Lulu Santos: "Quando um certo alguéééém cruzou o seu caminho e mudou a direção...".

Dizia, o Juninho, que o Lulu Santos faz as mulheres dançarem com os bracinhos levantados para cima, e isso é um ponto alto de qualquer festa.

Já eu estava concentrado no refogado. Sim, rapaz, tudo começa com o refogado. Havia picado gentilmente pelo menos quatro dentes de alho e uma cebola do tamanho de uma bola de tênis. No fogão, a panela de ferro já se acomodava sobre as chamas, esquentando o azeite de oliva. Assim que o azeite fervesse, despejava a cebola e o alho, mexia com brevidade, porém segurança, e abaixava o fogo drasticamente.

É claro que você sabe que, antes disso, eu já recolhera da churrasqueira toda a carne aproveitável. Raspara as costelas de gado e de porco, deixando só o osso liso. Cortara em pequeníssimos cubos a picanha, o vazio, o entrecot e até os salsichões sobreviventes. Toda essa carne variada eu juntaria ao refogado, aumentando o fogo outra vez.

Neste momento, o cozinheiro chega a uma encruzilhada: você prefere o carreteiro vermelho, com molho de tomates, ou tão somente com o sumo da carne? O Pedro Ernesto prefere com tomates. Então, foi a receita que apresentei. E mesmo lá, na Brava, às vezes eu fazia com tomates, mas havia de ser tomate mesmo, o fruto vermelho e maduro, não os que vêm em alguma lata vulgar.

Retalhava, portanto, os tomates, como se eles fossem meus inimigos, e os deitava no refogado misturado à carne. E mexia com paciência e denodo. O molho tornava-se denso e oloroso. As pessoas já não dançavam mais. Passavam por mim e comentavam:

– Cheiro bom...

Você precisa trabalhar com a fome dos comensais, isso é muito importante.

Mas voltemos à panela sobre o fogão: gosto de temperar com um pouco de mostarda e ketchup e, não raro, metade de um cubinho de caldo de galinha. Acrescento água, também, mas com parcimônia. Infinita parcimônia. E sigo mexendo, salgando de leve, experimentando o sabor de quando em quando.

E o molho ia crescendo, ia se transformando em uma pasta vermelha borbulhante. Era aí que acrescentava o arroz. Mexia mais uma vez para fazer de tudo um único bolo. Tampava a panela. Reduzia o fogo. Agora era só esperar.

Foram madrugadas gloriosas aquelas na casa da Praia Brava. A moça de biquíni de crochê, aliás, aprovou meu carreteiro. Foi um ponto a meu favor. Foi a glória. Um dia conto essa história, quando quiser me exibir.

A GRANDE POLÊMICA DO AIPIM

(Hoje em dia, é difícil falar em Dilma, Lula, Bolsonaro ou em qualquer outro personagem da política brasileira sem levantar protestos e furores. As pessoas se embandeiraram, no Brasil. Mas as citações que eventualmente possa fazer a políticos, neste livro, são eventuais, às vezes casuais, como no caso da ex-presidente Dilma, que, um dia, como conto abaixo, fez uma alegre saudação à mandioca.)

Tudo o que se faz com a batata se faz com o aipim. Já disse essa verdade universal e digo de novo sempre que posso, como uma afirmação de brasilidade. Porque aipim é Brasil-sil-sil. Dilma estava certa ao saudar a mandioca, que a mandioca merece.

Lembro de ter aprendido sobre a lenda da mandioca na escola: Mani era uma linda menininha tupi que se destacava na tribo por ter pele branca de leite. Todos os índios gostavam dela, brincavam com ela e se alegravam com ela. Mas, um dia, sem motivo aparente, Mani adoeceu. O pajé correu a tratá-la com ervas e fumos, mas a doença não cedia. A tribo inteira se mobilizou para tentar curá-la. Nada adiantou. Mani morreu em silêncio e sem dor, como um passarinho que simplesmente deixa de existir.

Como era costume entre a tribo, Mani foi enterrada no chão da oca em que viveu. Seus pais, desolados, pranteavam dia e noite sobre sua sepultura. Com suas lágrimas e sua saudade, regaram o solo que a guardava. Depois de alguns dias, como por milagre, uma planta brotou no local. Eles puxaram a raiz e viram que era marrom por fora e branca por dentro. Branca como a pele de Mani. Então, chamaram a descoberta de Manioca, porque Mani estava na oca. Donde, mandioca. Foi a mandioca que, sendo cozida, matou a fome da tribo, que passava por tempos difíceis.

Aí está mais uma prova do que digo, que o que se faz com a batata se faz com a mandioca. Porque a batata serviu para matar a fome de muitos países europeus pobres, depois de ter sido levada das Américas pelos navegantes ingleses, no século XVI.

Talvez por essa razão europeus e americanos amem a batata com tanta devoção e desconheçam o aipim. Ou a mandioca. Ou a macaxeira. Nos Estados Unidos, nenhum restaurante serve qualquer prato com mandioca e não há mandioca nos mercados, a não ser os brasileiros. É num desses, numa cidadezinha perto de onde morava, chamada Allston, que me abastecia.

A mandioca vinha dentro de um saco enorme, de três quilos, e, felizmente, se apresentava descascada, alva como a pequena Mani. Levava-a, pois, para casa e a depositava em uma grande panela com água, para ferver. Mas a mandioca não cozinha na primeira fervura, ela resiste como uma defesa formada por Kannemann e Geromel. Você tem de experimentar a consistência dela com um garfo, enquanto a água borbulha. Mas não a retire quando estiver macia. Não. Ela precisa estar molezinha, quase se desmanchando. Só que, ATENÇÃO!, não deixe desmanchar. Não! Nunca! Porque, neste caso, ela pode se desintegrar, e nós a queremos coesa. Assim, há que se ter calma e critério. Vá testando com o garfo. Testando e testando. Quando o corpo da mandioca estiver quase em pasta, porém ainda inteiro, retire-a.

Deixe a água escorrer. Deixe-a secar.

Enquanto isso, prepare a frigideira. Ponha-a no fogo. Unte-a generosamente com manteiga. E frite as barras da mandioca com muito critério e doçura, até que ela fique com a cor exata das pernas de Gisele Bündchen, não mais morena, nem mais pálida.

Pronto. É só temperar com sal a gosto, tirar aquela cerveja que você deixou no freezer e fazer como fiz outro dia: sirva a um americano que jamais provou aipim. Ou mandioca. Ou macaxeira. Ele dirá, inevitavelmente, como disse o meu amigo americano:

– OH, MAI GOD!

Neste momento, será como se estivesse sendo executado o Hino Nacional. Como se as escolas de samba do Rio, todas, estivessem tocando na sua sala de jantar. Neste momento, foi gol do Brasil. Porque o mundo não sabe, e nós sabemos: aipim é melhor do que batata. Admito que é polêmico, já imagino a repercussão entre os amantes da batata, já vejo os protestos nas redes sociais, mas repito e repetirei sempre, com orgulho pátrio: aipim é melhor do que batata!

TORTILHA DE RUFFLES, A BATATA DA ONDA

Então... neste exato momento, ao escrever o "o" redondo de "então", ocorreu-me que os paulistas começam histórias com então, mas não tenho nada contra paulistas, então: Então, lá está você com aquela preciosidade que colheu do terreno fértil da noite como quem colhe a mais olorosa camélia do mais florido jardim.

Aliás, sobre camélias, a história da Dama das Camélias, do Dumas Filho, consagrou a camélia como uma flor sem perfume, já que a "dama" do romance, doente que estava, ficava nauseada com o cheiro forte das flores e por isso só aceitava camélias, que, segundo Dumas, são flores sem cheiro, e assim a dama morreu cercada delas. Só que descobri, depois de ler o livro, que a camélia tem odor sim, suave, mas tem, e bom odor.

Mas estava falando da sua camélia. Da flor preciosa que você trouxe para a sua choupana numa madrugada feliz. E vocês já se amaram, e você está satisfeito com seu desempenho taurino, achando que impressionou, e ela está lânguida como uma gata preguiçosa e aparentemente saciada, mas não, ela não está saciada, não de todo, porque, olhando para você com aqueles olhos felinos dela, ela ronrona, quase fazendo miau:

– Estou com fome...

Fome??? A esta hora??? A madrugada avança como um Lewis Hamilton, não há mais nenhum tele-xis-galinha aberto em lugar algum da maldita cidade, e o que você tem em casa para comer?

NADA!

Ou quase. Na sua geladeira há coisas antigas guardadas em potes de plástico que você tem medo de abrir, uma garrafa com o que a minha avó chamaria de água da pena, meia garrafa de Coca e dois ovos. E, no armário em que você coloca o sal grosso do churrasco, dorme um pão tão bolorento que podia ser usado para fazer penicilina, mais um grande saco aberto de Ruffles, a batata da onda, fechado com um prendedor de roupa. E é isso.

Sua reputação está em jogo, você não pode fazer feio com a flor preciosa. Não você, que tanto se esforçou para dar a ela a impressão de que era um homem de verdade, um homem respeitado pelos garçons, temido pelos gerentes de banco, admirado pelas mães das vestibulandas, um homem que tem o controle sobre sua própria vida. O que você pode fazer? Aí está. Você sabe exatamente o que fazer.

Exatamente.

Você vai fazer o que descreverei agora. Trata-se, amigo leitor, de um conhecimento que, supus, só eu e poucos iniciados detínhamos, só eu e velhos companheiros dos tempos de solteiro, quando as madrugadas eram longas como num romance de Thomas Mann e o alvorecer róseo como os da Ilíada, quando a vida era mais perigosa, mas nós não conhecíamos o perigo, quando, sobretudo, a arte do improviso era fundamental para a sobrevivência. Mas parece que não. Parece que outros compartilhavam do mesmo conhecimento. Já me disseram que essa receita foi tema até de programas de TV. Será? Seja. Seguirei em frente mesmo assim e contarei para você, ávido leitor, como se faz uma inefável...

...TORTILLA DE RUFFLES, A BATATA DA ONDA.

Ingredientes:

Nós já sabemos:

1. Um saco aberto de Ruffles, a batata da onda, fechado com um prendedor de roupa;

2. Dois ovos;

3. Azeite;

4. Vontade de impressionar a flor preciosa.

Muito bem. Você emprestou uma camiseta a ela, o que foi muito cavalheiresco da sua parte. Mas não uma camiseta de time, por favor. Uma camiseta simples e confortável, de puro algodão, que acaricie aquele corpo macio. E lá está ela só com a sua camiseta, uma visão doméstica e linda, ela enroscada como um gato no sofá da sala, as pernas longas e flexíveis dobradas de lado com graça, a cabecinha de boneca repousando na almofada xadrez que sua mãe lhe deu de presente no Natal. Ela está com o controle remoto na mão, clicando em direção ao GNT. Você marcha para a cozinha anunciando, dedo em riste:

Em poucos minutos voltarei com uma refeição que reporá suas energias, minha Scarlett, minha Megan, minha top model que ganha um milhão por desfile. Não saia daí.

E agora vamos ao...

...Modo de preparo:

Pegue o saco de Ruffles e, sem abri-lo, amasse e triture o conteúdo com suas mãos de titânio. Amasse e triture tudo, sem pena. Amasse, amasse, amasse. Triture, triture, triture.

Cumprida essa etapa, passe para os ovos. Quebre-os. Atire as gemas e as claras num pote. E bata com o garfo no sentido horário, sempre em sentido horário. Bata com vigor, até fazer espuma. Bata, bata, bata.

A seguir, esparrame uma rodela de azeite do tamanho de um pires de cafezinho na frigideira e coloque no fogo. Enquanto a frigideira esquenta, misture a batatinha picada aos ovos batidos adredemente. E bata de novo.

Bata, bata, bata.

Agora, o azeite já está fervendo, se você jogar um pingo d'água ali vai ser uma chiadeira. É hora de despejar o creme formado pelos ovos e pela batatinha. Você despeja e espalha.

Espalha, espalha, espalha.

Não precisa acrescentar sal, porque a batata já é bem salgada. Abaixe o fogo para não queimar no fundo. Como você não tem segurança suficiente para fazer aquele truque de atirar a tortilla parta cima e virá-la a fim de cozinhar também o outro lado, feche a frigideira com uma tampa grande de qualquer outra panela – o vapor vai ajudar a cozinhar a parte de cima da tortilla.

Espere alguns poucos minutos.

Espere.

Espere.

E, maravilha!, está pronta a sua tortilla!

Não sirva na frigideira, isso lhe subtrairia pontos. Sirva numa travessa, ou algo do gênero. Pegue aquela meia garrafa de Coca. Espero que você não tenha tentado segurar o gás enfiando uma colherinha na abertura, essa tática não funciona. Leve para a flor preciosa. Na primeira garfada, ela vai sorrir para você, é certo que ela vai sorrir para você. Você é o cara. O romance começa agora. E sua vida de solteiro começa a terminar.

UM DIA HOUVE UM XIS-BACON COM OVO

O último xis que comi foi em 1997. Lembro bem daquele xis. Tinha de tudo lá dentro. Muito bacon, muita maionese et cetera. Xis de verdade tem que ter bacon e maionese. E et cetera. Aquele era recheado de etcéteras abundantes.

Não deixei de comer xis porque aquele fosse ruim. Nunca parei de comer algum tipo de comida devido a uma eventual porção malfeita. Prova? Uma vez, num janeiro distante, tomei, no bar da *Zero Hora*, um expresso com gosto de morte. Sério. Era como se estivesse engolindo o próprio Mal. Pois bem. Continuo tomando expressos todos os dias, embora tenha um pouco de medo.

Em outra época, nos velhos e bons anos 80, fomos acampar em Cachoeira e passamos o fim de semana no fundo do campo, isolados da civilização, sem comida sólida. Ao voltar para a cidade, eu e meu amigo Fernando Araújo corremos ávidos para uma carrocinha de cachorro-quente. Pegamos nossos cachorros e sentamo-nos sôfregos no banco da praça, a fome nos corroendo as entranhas. Dei uma mordida no cilindro de pão. O Fernando também. Nos olhamos. Disse para ele, num misto de admiração e horror:

– Fernando! É o pior cachorro-quente da minha vida!

O Fernando concordou. Não comemos mais aquele cachorro-quente. Não comi mais nada pelo resto do dia. Fiquei com raiva de comida. Mas na semana seguinte já estava na fila do infalível Cachorro do Rosário.

Não foi aquele xis, portanto, o responsável por minha abstinência xisística. Na verdade... não sei o que foi. Simplesmente não houve ensejo para outros xis, depois de 97.

Tenho de voltar a comer xis. Pelo menos de vez em quando. O xis é a comida mais porto-alegrense que existe. Vatapá é de Salvador, feijoada é do Rio, pão de queijo é de BH.

Xis é de Porto Alegre.

A gastronomia de uma cidade diz muito sobre seus habitantes. Porto Alegre pode se gabar de duas criações gastronômicas: o xis e o espeto corrido. Não são pratos. São comidas selvagens, cometidas mais para empanzinar do que para alimentar. Mostram o caráter proteico do porto-alegrense.

É precisamente isso. A proteína escoa pastosa pelas sarjetas da capital de todos os gaúchos, está impregnada como um trauma de infância na alma do porto-alegrense.

É por isso que somos como somos.

Observe um vegetariano. Ele parece sempre meio distraído. Natural. Saladas, brócolis, grãos-de-bico e alfaces são comidas amenas. Mas um xis, o que é um xis? Um xis é comida de bárbaros. Não é um pacato sanduíche, não é um comportado hambúrguer. Nada disso. Um xis é por natureza agressivo. Conheci um xis que levava o apelido de LP, porque era do tamanho de um long-play. Conheci xis que davam medo. Quem se alimenta de algo assim, no que haverá de se transformar?

Eis o busílis. O excesso calórico. A proteína pulsante. Há muita energia represada sobre cada cadeirinha de plástico dos trailers de xis de Porto Alegre. Faz com que muitos de nós estejamos sempre prontos para o conflito. Assim, o Rio Grande é o campeão de recursos na Justiça em todo o Brasil, e cada debate por aqui é maniqueísta. Ou se é contra ou se é a favor. Não existem matizes. Não é possível a ponderação. É um contra o outro, nunca um com o outro. Eternamente opostos, jamais trabalhando em cooperação. Quem haverá de aceitar meio-termo nessa terra de ferozes comedores de xis?

CAFÉ DA TARDE

Tem uma lancheria ali no Centro que se chama "Café da Tarde". Cada vez que passo por ela, me sinto meio nostálgico. Lancheria Café da Tarde. Não é como se fosse "Restaurante Almoço", de jeito nenhum. O café da tarde é quase um adjetivo, tem um significado mais profundo, representa outro tempo. Porque as pessoas tomavam café da tarde. A minha avó, que era uma avó clássica, avó que passava o dia cozinhando e que se orgulhava dos acepipes que preparava, pois a minha avó, lá pelas quatro horas, nos chamava para o café da tarde. Sentávamo-nos em torno à mesa e ela nos servia os ortodoxos pão com manteiga e café com leite, mas também servia schmier que ela mesma fazia. E queijo. E salame. Se chovia, bolinho de chuva, claro. Algumas vezes, raras vezes, minha avó fazia rabanada, e então o dia se tornava especial.

Depois, quando me mudei para Santa Catarina, morava a meia quadra da redação do jornal. A folhas tantas de alguma tarde, quando estava em meio a uma abertura de matéria qualquer sobre um latrocínio vulgar, de repente minha colega Nádia Couto levantava a cabeça do teclado, olhava para mim e suspirava:

– Que vontade de comer pão com ovo acompanhado de um bom café preto...

Eu sorria:

– Vamos?

Em cinco minutos, estávamos no nosso apê, no décimo andar. Ela preparava o café e eu os ovos fritos. Posso me gabar de saber fritar um ovo, o que é muito mais difícil do que parece, incréu leitor. Já disse como tem de ser, e repito, repetirei sempre: um ovo que tenha as bordas levemente tostadas, nunca enegrecidas, mas douradas como a pele das loiras bronzeadas no verão, a clara dura como a alma das mulheres e a gema mole como meu coração, além de estar salgado no ponto exato, esse ovo não é qualquer um que faz.

Eu faço.

Fazia para mim e para Nadinha, e nos repimpávamos furando a gema com o garfo e vendo-a escorrer pelo miolo branco do pão, que se intumescia daquele creme de ouro.

Era um tipo de café da tarde. Dos melhores tipos.

Mas mundo de hoje não comporta cafés da tarde. Não. O mundo de hoje tem pressa de tuitar e medo do colesterol. As avós não cozinham mais, elas estão ocupadas em postar no Facebook. Pão com ovo frito está fora de quaisquer cogitações culinárias, o salame é desprezado, e rabanada, quem hoje sabe fazer rabanada? Que mundo frio esse! Por isso, sonho acordado, quando passo em frente àquela lancheria, e lamento: quem diria que viveríamos em um mundo sem avós de avental e sem café da tarde.

A FORÇA DA SALSICHA

Existem 1.500 tipos de salsicha na Alemanha. Mil e quinhentos. Se você estiver na Alemanha e decidir se alimentar de salsicha todos os dias, poderá comer uma salsicha diferente por dia, sem repetir, durante quase quatro anos.

Fascinante.

É como as Ilhas Maldivas. Existem 1.500 Ilhas Maldivas cercadas pela água salgada do distante Oceano Índico, lá perto do Sri Lanka, todas elas paradisíacas. Ilhas azuis. Deve ser lindo ver as Ilhas Maldivas.

Assim, confesso aqui um sonho dourado que cevo: conhecer todas as Ilhas Maldivas e todas as especialidades de salsichas da Alemanha concomitantemente. Meu projeto é comer um tipo de salsicha alemã, estando, durante esta refeição, em um tipo diferente de Ilha Maldiva por dia, passando desta forma quatro agradáveis anos da minha existência.

Perceba como é fácil de me fazer feliz: uma salsicha, uma ilha e presto!

Mas, por ora, enquanto não realizo meus desejos outrora recônditos e agora públicos, quero falar de hábitos alimentares. Sempre me intrigou o apreço do civilizado povo alemão pela salsicha. Aliás, os alemães juram que um deles inventou a salsicha, por volta do século XV.

Mentira.

Assim como é mentira a assertiva daquele verso imortal que Benito di Paula urdiu em algum dia de rara inspiração nos anos 70:

Bendito seja
Bendito seja
O alemão
Que inventou a cerveja

Não.

Não foram os alemães que inventaram a cerveja; foram os egípcios. Os alemães apenas a sublimaram, porque a cerveja alemã é uma das delícias que fazem valer a pena viver.

A salsicha também. A salsicha foi divinizada pelos alemães, mas não foram eles que a conceberam. Foi um romano chamado Marcus Gavius Apicius, popularmente conhecido como "Apício".

Esse Apício foi contemporâneo de Jesus Cristo e, como Ele, viveu entre Augusto e Tibério. Era um gourmet feroz. Escreveu o primeiro livro de gastronomia da História, *Sobre a culinária*, e viveu literalmente à tripa forra.

O gosto de Apício pela chamada boa mesa foi se sofisticando com os dias. Era um homem rico e, sendo assim, tinha acesso ao que de melhor existia no vasto Império Romano. Um dia, ficou sabendo que nos mares da Líbia nadavam camarões gigantes, de tamanho e sabor únicos. Alugou um navio, deslizou até lá, viu e provou os camarões, e voltou sem nem pisar em terra. Inventou, preparou e serviu acepipes exóticos, como cristas de aves fritas e calcanhares de equinos recheados. Suas orgias eram famosas. Gastou tanto em festa, comida e bebida, nosso generoso Apício, que foi à falência.

Então, concluindo que não lhe sobravam mais fundos para viver como gostava, preferiu a morte. Suicidou-se, mas deixou seu livro de receitas como legado. E, entre suas saborosas criações, está ela. A salsicha.

Feito esse reparo histórico e restabelecida a justiça, voltemos aos bravos povos germânicos.

Mas, não! Não tão depressa.

Antes disso, ocorre-me que você pode estar curioso acerca das receitas de Apício. Sim, imagino que esteja. Quem sabe na próxima Sexta-Feira Santa, diante do interdito de consumo da carne bovina, você possa cometer um dos pratos que Apício preparava há 2 mil anos? Que tal, hein?

Como será difícil encontrar *Sobre a culinária* mesmo nos sebos mais bem fornidos, vou reproduzir a seguir uma rápida receita que certamente fará sucesso entre seus amigos e familiares. É o... Escargot ao leite.

"Lave bem os caramujos e remova a membrana, para que eles possam sair da concha. Coloque-os num recipiente com leite e sal por um dia, e nos dias seguintes somente com leite. Remova os resíduos a cada hora. Quando eles tiverem engordado ao ponto de não conseguirem se recolher totalmente em suas conchas, cozinhe-os com azeite."

Aí está! Deve ser uma delícia não apenas provar esses escargots, mas vê-los entalar na entrada da concha quando estiverem gordinhos. Faça e sirva para quem você mais gosta.

Apício também inventou o foie gras, para gáudio dos franceses, e, como já disse, a salsicha, para gáudio dos alemães.

E eis que chegamos aonde eu queria chegar desde o início. Nos hábitos alimentares. Porque na chamada Semana Santa come-se peixe e a cada Semana Santa fico impressionado com o amor do gaúcho pela carne vermelha. Tenho amigos que não conseguem passar um único dia sem um bife, sem uma carne de panela, sem um churrasco.

Isso muda a psique de um povo, não apenas sua saúde física. Muito do requinte francês se deve à leveza do patê, assim como a praticidade germânica talvez tenha sido gerada pelo consumo diário de embutidos, de preparo tão fácil e rápido.

Já os chineses e os japoneses, do que eles se alimentam? De peixe.

Exatamente o prato que angustia o gaúcho na Sexta-Feira Santa. Bem. Olhe para chineses e japoneses e o que você vê?

Paciência.

Não é a filosofia milenar de Lao Tse ou Confúcio que faz com que os homens do Oriente Longínquo sejam pacientes. É a lida com o peixe, que não é laçado com corda nem ferrado em brasa, que não derrama sangue quente quando abatido, que não é domado a urros, nem perseguido a galope, que não muge nem tuge, mas morre em silêncio. Em resignação.

A paz da morte dos peixes traz essa calma aos orientais que o consomem. Assim, o Japão e a China até podem ser buliçosos, mas é um bulício de multidão, não de pressa, não de ansiedade, não de quase desespero como se vê pelo Brasil.

Peixe, pois.

Essa é a solução para você, se você é um gaúcho angustiado: mais peixe na sua vida, e não apenas na semana da Páscoa.

GARÇONS DE PRAIA

O garçom número 1

Eu não queria casquinha de siri. Queria um bife suculento de quatro dedos de altura e batatas douradas como as loiras que se repoltreiam nas areias de Atlântida. Queria uma bebida forte para tirar a poeira da garganta, talvez um bourbon. Sim, eu vinha de longe, vinha das montanhas, e me sentia como Tex Willer chegando a um saloon do Kansas. Foi o que disse para o garçom:

– Quero um bife de quatro dedos de altura, meu bom rapaz. E uma bebida forte para tirar a poeira da garganta.

Mas o garçom me olhou e rebateu:

– Nada disso. O senhor vai comer casquinha de siri.

Com mil tatuíras! O que aquele fedelho, biltre, sacripanta, beleguim estava pensando? Eu não queria casquinha de siri. Mas ele argumentou:

– Se a casquinha de siri não estiver ótima, se não for a melhor casquinha de siri que o senhor já comeu, não precisa pagar. Eu pago com meu dinheiro.

Pisquei. Encarei-o. Ele sustentou o olhar, desafiador. Seria verdade? Estaria eu prestes a provar a melhor casquinha de siri dos meus dias praianos? Resolvi aceder:

– Muito bem, meu bom rapaz: casquinha de siri. E uma cerveja gelada como o coração das mulheres de pernas longas e saias curtas que mariposejam pelo litoral.

Mas ele:

– Não. O senhor vai provar uma caipirinha de vodca que eu mesmo faço, com as minhas mãos.

Era mesmo muito atrevimento daquele safardana. Mas cedi outra vez: caipirinha. Ele se foi para a zona cinzenta dos fundos do restaurante. Voltou de lá com uma gorda casquinha de siri e um copo verde-claro de caipirinha. Fez com que aterrissassem a dez centímetros do meu peito. E ficou de pé ao lado da mesa, esperando o veredicto. Enfiei o garfo na casquinha de siri. Mastiguei um bocado. Virei-me para o garçom. Ele ergueu as sobrancelhas, expectante.

– Não será desta vez que você pagará por uma casquinha de siri, meu bom rapaz – admiti.

Ele sorriu, vitorioso. Mas não se deu por contente.

– E a caipirinha?

Provei um gole. Balancei a cabeça:

– De fato, meu bom rapaz. De fato...

Só então ele se foi. No dia seguinte, voltei ao lugar. Procurei o dono do restaurante, que já conhecia, o Régis Trevisani. Disse-lhe:

– Você tem aí um garçom que sabe das coisas.

Ele:

– Já sei: o Cléder. Um bom rapaz.

Balancei a cabeça:

– Um bom rapaz...

O garçom número 2

Eu e meu amigo Amilton Cavalo nos encontramos para empreender uma vigorosa caminhada pela areia da praia. Após quilômetros de exercício estafante, olhamos para o deque do Villa e pensamos que ali poderia ser o lugar ideal para repor as energias.

– Talvez haja uma sombra reconfortante – disse eu.

– Talvez haja também uma cerveja gelada que nos refresque a alma e os membros doloridos – disse ele.

– Talvez haja ainda um camarãozinho ao bafo temperado com ervas finas – disse eu.

Fomos lá. Sentamo-nos. Ao nosso lado, um homem casado muito conhecido da vida citadina tentava seduzir uma garota de joelhos redondos e dedos

de tocadora de cítara (sim, há homens que traem na Orla, embora sejam raros). Ela se levantou por um momento, creio que para ir ao banheiro. Foi-se, ondulando. O homem chamou o garçom e perguntou:
— Conto com sua discrição?

O garçom aprumou-se atrás de seus óculos escuros e sentenciou:
— Meu nome é Alex. Tenho olhos e não vejo, tenho ouvidos e não ouço, tenho boca e não falo. Aqui eu sou como um padre no confessionário. Sou profissional.

Eu e o Amilton nos entreolhamos.
— Ei! Alex! – chamei.

Ele se aproximou.
— O que você sugere para dois homens cansados da lida praiana?

Alex não hesitou:
— Uma cerveja tão gelada que vai fazer seus dentes doerem. Um prato de camarão ao bafo temperado com ervas finas.

Eu e o Amilton nos entreolhamos outra vez. Alex. Ali estava, re-al-men-te, um profissional.

NATA, SCHMIER E LINGUIÇA

Quando trabalhava em Novo Hamburgo sempre arrumava uma pauta no Centro, lá pelo meio da tarde. Sabe para quê? Para ir a uma das banquinhas na Praça do Imigrante e pedir o seguinte: uma caneca de café com leite e uma fatia de pão caseiro untada com copiosa camada de nata e outra igualmente copiosa de schmier, estando ambas as camadas encimadas com meia dúzia de rodelas de linguiça, na época muito melhor, porque com trema. Que deleite aquele café no Centrão de Novo Hamburgo!

Prato bem de alemão esse, mistura de doce com salgado. Lembro do meu avô, o velho alemão Walter, comendo arroz. Minha avó servia-lhe um pratão de arroz branco e, ao lado, acomodava uma compota que ela mesma havia preparado, de pêssego ou figo em calda. Meu avô mergulhava a colher na calda e depois derramava-a sobre o monte de arroz, e comia com gosto. Arroz com calda de pêssego. Quase tão bom quanto pão com schmier, nata e linguiça.

Se Novo Hamburgo não tiver prato típico, bem que poderia eleger este. Podia até fazer um festival do pão com schmier, nata e linguiça.

Falo do pão de Novo Hamburgo para destacar que o Interior gaúcho tem delícias que poucos conhecem. O pão de NH, só o descobri porque trabalhei lá. Isso Novo Hamburgo, ao lado de Porto Alegre. Em Passo Fundo, a 290 quilômetros, provei um filé que foi o melhor da minha vida. Trabalhava na Livraria Sulina, ia promover uns livros na Universidade de Passo Fundo. Na hora do almoço, entrei num restaurante próximo à Avenida Brasil. Era um restaurante despretensioso. Entrei, sentei e o garçom estacou ao meu lado. Disse-lhe assim:

– Meu amigo garçom, olha só o que eu quero: quero um filé de quatro dedos de altura, com a superfície levemente crocante e o interior suculento. Quero também batatas fritas corpulentas, do tamanho de um polegar de lenhador, e uma cerveja geladíssima para tirar a poeira da garganta, exatamente como Kit Carson e Tex Willer tomam quando entram num saloon no Arkansas. É possível?

O garçom bateu os tornozelos em assentimento e zuniu para a cozinha. Voltou com aquele filé e aquelas batatas e aquela cerveja. O filé, eu o cortava com a colher, como se fosse purê. A cerveja refrescava-me o estômago e o espírito. As batatas eram macias como coração de mãe, recém-colhidas da terra. Já voltei a Passo Fundo dezenas de vezes. Nunca mais encontrei aquele filé, nem consigo identificar qual era o restaurante.

  Certas comidas, só se experimenta no Interior do Rio Grande do Sul. Em Livramento existia um doce que era uma homenagem à fronteira com Rivera, o Riveli: Rive de Rivera, Li de Livramento. Será que existe ainda? Empanzinei-me com esse doce, certa feita. Verdade que uma vez não comi o Caldo Lourenciano lá em São Lourenço, mas escrevi sobre. Disse que o caldo havia me dado medo. Para quê? Os lourencianos, centenas deles, escreveram e ligaram me xingando. Tentava argumentar, falava que era só um caldo, não um lourenciano pessoa. Não adiantava. Os lourencianos, não há dúvida, amam seu caldo. Há muitas delícias ignoradas na culinária do Rio Grande. Não, o Rio Grande não é só churrasco. O Rio Grande não é só mate quente. O Rio Grande pode ser agridoce e surpreendente como pão com nata, schmier e linguiça.

O STROGONOFF

O filé há de ser cortado em fatias delgadas, da espessura do dedo minguinho de uma criança de sete anos de idade. Se você não tem criança de sete anos de idade em casa, peça uma emprestada ao vizinho. Ou procure no Google, o Google tudo sabe. Ah: é fundamental que o filé seja fatiado na direção das fibras.

Vamos preparar um strogonoff simples, mas, você sabe: as coisas simples são as melhores da vida e esse strogonoff eu o preparei ontem e extraí suspiros e sorrisos dos comensais agradecidos.

Certo. O próximo passo é remover a indesejável capa de gordura que eventualmente exista no flanco de qualquer pequena tira. Feito isso, tempere com sal e pimenta-do-reino. Essa dupla, sal e pimenta-do-reino, já mudou o mundo. Lembre-se: de sal vem a palavra salário, porque *salarium* era o que os legionários romanos recebiam para comprar... sal. E Jesus disse a nosso respeito, nos superestimando:

"Vós sois o sal da terra!"

Já a pimenta-do-reino era tão valiosa que, no século V, quando o bárbaro Alarico submeteu Roma após três meses de cerco, exigiu 2.500 quilos de ouro, 15 mil de prata e 1.500 de pimenta-do-reino. Os romanos, escandalizados com o valor do resgate pedido, balbuciaram:

– O que vai sobrar para nós?

E Alarico:

– A vida.

Então, saiba que nossas fatias de filé estarão ricamente temperadas apenas com sal e pimenta-do-reino.

Depois, acomode na frigideira um naco de manteiga do tamanho exato de uma caixa de fósforos Paraná. E acenda o fogo. Frite os pedaços de carne aos poucos, para que não liberem caldo.

Um punhado.

Em seguida: outro punhado.

Agora é a hora dos champignons, delicada intervenção francesa nesse prato tipicamente russo. Aliás, da nobreza russa. Dizem que foi no tempo dos czares que a baronesa Stroganov criou essa iguaria, que permaneceu no interior das fronteiras da terra gelada de Dostoiévski e Yelena Isinbayeva até que a revolução bolchevique expulsou do país os nobres e sua boa mesa.

Quando eu era pequeno, muito ouvi acerca da fidalguia do strogonoff, servido com pompa no famoso Maxim's, de Paris. Agora, que tudo se vulgarizou sob o pretexto de tudo se democratizar, é que qualquer bufê serve strogonoff, inclusive de camarão e frango, o que são, obviamente, repugnantes excrescências (se você gostar de strogonoff de frango, por favor, não fale mais comigo).

Mas, enfim, havíamos acrescentado a fleuma do champignon. Assim, precisamos nos debruçar sobre ingredientes aparentemente brutos, mas eficientes, como a mostarda e o ketchup, uma colherada de sopa dela e três dele, e mexa. Mexa, mexa, mexa suave e incessantemente, sabendo que, ali ao lado, aguarda o astro da noite: o creme de leite.

Com o soro separado, evidentemente.

Mas, calma, ainda não derrame o creme de leite. É o momento do toque de gênio, e o gênio não é outro senão minha mãe, Dona Diva, a melhor de todas as cozinheiras, como o são todas as mães.

Ocorre que minha mãe flamba.

Também nós flambaremos.

Peguemos uma taça daquele líquido cremoso, de cor âmbar: o conhaque. Derramemos metade na nossa alquimia. Na outra metade, basta encostar a chama de um palito de fósforo (Paraná) e... fogo! A seguir, juntemos o fogo à superfície do molho. Pronto. Flambamos.

E aí vem ele: o creme de leite, afinal. Diminua o fogo, porque, se ferver, o creme talha. E mexa.

Mexa, mexa, mexa. Meiga, doce, carinhosamente.

O arroz branco já está pronto. Todos estão em torno à mesa, salivando. Sirva. Vamos esquecer, por um momento, das redes sociais, dos políticos, das dores do mundo.

O PAVILLON CRIOLLO

(Essa crônica escrevi em 2009, na Venezuela, para o jornal *Zero Hora*. Passei duas semanas em Caracas e, em meio a esse período, testemunhei um fato curioso. É que, naquele tempo, Hugo Chávez apresentava um programa de televisão aos domingos. Durante seis ou sete horas, ele falava ao vivo para a população do país, como se fosse um Silvio Santos ou um Faustão. E tem o seguinte: Chávez ERA um Silvio Santos ou um Faustão. Porque era ótimo comunicador! Tagarelava sem parar, com grande fluência, emendando um assunto no outro, atacando os capitalistas e os Estados Unidos, louvando o bolivarianismo e exaltando os supostos sucessos do seu regime na Venezuela. Eu ficava mesmerizado vendo-o falar com tanto entusiasmo. Por aqueles dias, o programa dele estava fazendo aniversário. Para comemorar a data, ele decidiu que quebraria todos os recordes de permanência ao vivo na TV. Seu plano era fazer um programa de QUATRO DIAS de duração. Fiquei curioso para saber se ele conseguiria. Será que teria tanta energia? Não teve. No fim do primeiro dia, Chávez precisou descansar. Talvez não tivesse comido Pavillon Criollo o suficiente, porque o Pavillon Criollo dá forças, como você verá assim que o parêntese fechar.)

Os venezuelanos todos me diziam que eu tinha de comer o "Pavillon Criollo", quando estava em

Caracas. *Tiene que comer, porque tiene, porque tiene.* Bom. Decidi acatar. Um lugar, a gente só o conhece se viver minimamente como vivem os locais.

Havia travado amizade com um motorista de táxi cheio de recursos, o Euclides. O Euclides sabia se movimentar desde os mistérios da informática até os meandros do curioso câmbio venezuelano. Reconfigurava laptops, obtinha salvos-condutos para circular pelos *barrios* mais temerários. Sabia das coisas. Por isso, pedi-lhe:

– Quero ir a um lugar onde sirvam um autêntico Pavillon Criollo, sim senhor!

Euclides levou-me à Casa del Llano. Lá me defrontei com o Pavillon. Foi assim:

De entrada, o garçom apresentou-me a indefectível *arepa*, um bolo de milho que, por si só, seria uma refeição. Mas é depois desse *couvert* tipicamente sul-americano que o Pavillon fez sua aparição estrondosa. Lá veio ele, um prato único carregado com certa solenidade pelo garçom, montado da seguinte forma: a nossa conhecida dupla Arroz & Feijão, mais uma porção significativa de carne seca desfiada, farofa de milho, um naco de abacate (que deve ser comido com... sal!) e fatias de banana frita, isso tudo encimado por um ovo frito de aparência inocente.

Olhei para o prato e lembrei que ainda tinha muito trabalho pela frente. Sabia que a experiência poderia trazer consequências de alguma gravidade, mas estava sendo observado pelos venezuelanos. Então, em nome da boa convivência entre os povos sul-americanos, comi.

Concluída a tarefa, pensei: um povo que se alimenta de algo do gênero só pode ser um povo de bravos. Foi aí que me interessei por eles, os criadores do Pavillon. *Los llaneros*. Descobri fatos interessantes sobre eles. Ei-los.

Os *llaneros* eram antigos guerreiros meio selvagens, embrutecidos pela lida no campo. Combatiam vestidos com andrajos, portando lanças precárias. Quando até as lanças lhes faltavam, eles arrancavam os ferros que gradeavam as janelas das casas e os usavam como armas. Alimentavam-se basicamente de churrasco e, nos dias de fartura, do poderoso Pavillon. Viviam livres em extensas planícies verdejantes, savanas em que o olhar se estendia sem esbarrar em uma única árvore até a linha do horizonte. Erravam de estância em estância, montados a cavalo – eram exímios cavaleiros. Porém, chegava o dia em que se aninhavam sob a proteção de um patrão, um estancieiro nababo que lhes dava pouso e trabalho. Então, tornavam-se leais até a morte, soldados bravos, quase invencíveis em seu meio.

Não parece a descrição dos velhos gaúchos peleadores que combateram correntinos, paraguaios e imperialistas? Parece. Mas não é. Os *llaneros* vivem nos "llanos", no interior da Venezuela, e têm uma história gloriosa.

O mais famoso dos chefes *llaneros* foi Boves, homem implacável, não raro cruel, de participação importante na guerra pela independência da Venezuela. Só que do outro lado – Boves lutou em favor da Espanha. Simón Bolívar ansiava por cooptá-lo. Sabia que seu trabalho pela liberdade da América do Sul seria em muito facilitado se contasse com a cavalaria invencível dos *llaneros*. E com a ferocidade de Boves. Uma vez, ao tomar uma cidade, Boves convocou todas as mulheres do lugar para um baile. Obrigou-as a dançar com os *llaneros*. Enquanto elas rodavam pelo salão, aos prantos, seus maridos eram executados em outro canto da cidade.

Boves prosseguiu lutando contra Bolívar até morrer. Seu sucessor, não. Seu sucessor enfim trocou de lado. Era um homem tão amado por seus comandados que eles o chamavam de "Tio Antônio". Bolívar conseguiu submetê-lo ao seu comando, o que, como esperado, se converteu em grande trunfo na luta pela liberdade americana.

Há uma história que ilustra bem a bravura dos *llaneros*. Os soldados bolivarianos tinham de conseguir botes para descer um rio. Tio Antônio disse que os acharia. Chegaram à margem do rio e, surpresa!, os botes estavam do outro lado, em poder dos espanhóis. Um comandante da Venezuela perguntou a Antônio:

– E agora, onde vamos conseguir botes?

Antônio respondeu, placidamente:

– Vamos lá buscá-los.

A seguir, escolheu cinquenta guerreiros e gritou:

– Venham com o Tio Antônio!

Os cinquenta prenderam as lanças entre os dentes, jogaram-se na água e, ante os olhares perplexos de espanhóis e venezuelanos, atravessaram o rio a nado. Em terra, atiraram-se como bichos à luta corporal e tomaram os botes.

Llaneros. O mesmo espírito dos antigos gaúchos peleadores. No entanto, consolidada a independência, Bolívar confessou que o barbarismo desses valentes aliados foi útil somente durante as batalhas. No momento em que a coragem física tornou-se dispensável e, em seu lugar, o necessário era a administração cerebral, os velhos guerreiros se transformaram em estorvo.

– Por causa desses homens, temo mais o tempo de paz do que o tempo de guerra – suspirou um dia Bolívar, desanimado.

Em resumo, é o que se pode dizer da bravura. Apenas ela não é suficiente. Só com bravura não se chega a lugar nenhum. Nem que se esteja sustentado pelo Pavillon Criollo.

A CARNE DE PANELA COM AIPIM DO WIANEY CARLET

(Wianey Carlet era meu amigo e colega. Bom amigo. Bom colega. Trabalhou comigo nas redações do *Correio do Povo* e da *Zero Hora*, na Rádio Gaúcha e na TVCOM. Publiquei essa divertida receita que ele me enviou em outubro de 2016 no jornal *Zero Hora*. Em setembro do ano seguinte, o Wianey morreu, aos 68 anos de idade, em Porto Alegre. Quando participava do Sala de Redação, programa de debates esportivos da Gaúcha, o mediador Pedro Ernesto Denardin o chamava, como galhofa, de "Azedinho", porque Wianey estava sempre reclamando de algo no ar. Tratava-se de um personagem. Wianey, na verdade, era uma pessoa doce, afetiva e amorosa, sempre disposto a contar ou ouvir uma piada e brincar com a vida. Como você verá no texto que se segue.)

O Wianey Carlet, tanto quanto certos políticos e certas mulheres, promete, mas não cumpre.

Há mais de dez anos, ele faz juras vãs de me convidar para um repasto em sua dacha em Viamão, onde prepararia um de meus pratos preferidos: a gauchíssima carne de panela com aipim.

Mas sou repórter, sempre serei, e nesta função aprendi que você só consegue algumas coisas sendo chato. Pois sou. Assim, cobro promessas de políticos, de mulheres e do Wianey. Ontem, quando ele participou do Timeline, da Rádio Gaúcha, exigi, no ar, que ao menos me passasse a receita da sua famosa carne de panela com aipim, iguaria com a qual, é sabido, Wianey já amoleceu os corações mais empedernidos.

Desta vez, tão pressionado foi, o Wianey cumpriu a promessa. Mandou-me a receita. Caridosamente, divido-a com os leitores, certo de que apreciarão não só o conteúdo, mas também a forma, porque os textos das correspondências que o Wianey me envia estão entre o que de melhor já foi escrito na literatura missivista nacional.

Segue o e-mail do Wianey, com observações minhas entre parênteses:

"Querido amigo

A receita que te passo tem uma condição imutável para ser sucesso: você precisa consumi-la sem qualquer indício de culpa *(Eis a verdade inicial que nos ensina Wianey: a culpa deslustra o prazer)*.

A preparação psicológica é o primeiro passo. Você precisa se convencer de que comer uma única vezinha o aipim com carne de panela não te causará desconforto algum. Vá mais além: acredite que todos os papas italianos apreciavam este prato. E, se não bastar, repita dez vezes que, na última ceia com os apóstolos, Cristo serviu aipim egípcio com costela de camelo na panela. Pronto, você pode começar a cozinhar. Siga o roteiro a seguir que não tem erro. É barbada. Vamos lá:

– Ponha na panela de pressão uns dois quilos de costela minga. Quanto mais dura, melhor *(Aí, o segundo aprendizado relevante: é da rigidez e da dificuldade da vida que se extrai o melhor sabor)*.

– Acrescente meio pimentão picado. Qualquer cor serve.

– Uma cebola grande picada bem miudinho.

– Dois tomates grandes bem maduros e sem pele. Picados, óbvio.

– Dois cubos de caldo de carne *(Note: nada de preconceito contra cubos de caldo de carne, isso é importante para o cozinheiro moderno)*.

– Duas xícaras de água.

– Feche a panela e coloque sobre fogo alto. Imagine o seu pior inimigo ardendo nas chamas do Demo. Espere meia hora e a carne estará pronta.

Em uma panela à parte, ferva o aipim com sal a gosto. Quando a sagrada raiz estiver macia, despeje a carne e o molho sobre o aipim. Deixe tudo ferver até que o molho esteja reduzido em 30%. Pode ser

35%. Ou 25%. O rango divino estará pronto para ser servido.

Ah, abra uma garrafa de bom tinto, mas não ceda à tentação de beber vinho orgânico. Tudo que faz bem à saúde é inimigo do paladar *(Outra sabedoria filosófica, já revelada pelo Rei Roberto, que reclamava: 'Será que tudo que eu gosto é ilegal, é imoral ou engorda?')*.

Coma o que puder e lembre: dos apóstolos, apenas Judas desfrutou a última ceia e foi para o inferno. Todos os demais se fartaram de tanto comer, foram dormir, sonharam com anjos e acordaram perguntando: sobrou um bocadinho daquela carne?

É isto aí, meu guru. Faça bom proveito. Não aceito reclamações

Abraços
Wianey"

O PUCHERO DO AMOR

Chovia. Fazia frio. Era um inverno úmido como só podem ser os invernos de Porto Alegre. E lá estava eu, preparando o meu primeiro puchero. Foi uma aventura. Mais: foi uma aventura arriscada. Até então, nunca havia feito puchero, apenas observara quando outros faziam. Mas uma formosa moça, na qual estava interessado sentimentalmente, havia comentado:

– Ai, eu queria tanto comer um puchero...

Vi uma oportunidade naquela declaração. A gente comete imprudências em nome do amor. Nos tempos do IAPI, havia uma menina que frequentava o CLJ, aquela associação de jovens cristãos. Todos os domingos, ela ia à missa e me convidava para ir junto. Uma missa que começava às oito da manhã, imagine. Isso tendo eu saído com os amigos no sábado à noite! Mas, ainda assim, enquanto me mantive em campanha para conquistar o coração daquela jovem católica, acordava cedo, tomava banho e às oito em ponto estava sentado num banco de madeira, ouvindo a ladainha do padre. Cristo! Toda essa devoção não conta pontos a meu favor?

A missa era uma chance de me aproximar da amada. Por que não a culinária? Por isso, quando a formosa moça disse "ai, eu queria tanto comer um puchero...", o que fiz foi espetar o dedo indicador para o alto e declarar com máxima confiança:

– Pois amanhã todos vocês comerão o melhor puchero das suas vidas, feito com minhas próprias mãos!

"Todos vocês" a que me referia eram os amigos e amigas que estavam em volta da mesa do bar em que bebíamos nossos dourados chopes cremosos. Eles festejaram o convite e já marcaram hora para chegar ao meu apartamento e ficou tudo acertado.

No dia seguinte, acordei meio mareado. Fiquei alguns minutos deitado na cama, de olhos abertos, fitando o vazio do teto, experimentando a desagradável sensação de que perpetrara alguma bobagem na noite anterior. Mas o quê? O quê??? Então, dei um tapa na minha própria e dolorida testa e exclamei: "O puchero!". Como já disse, nunca tinha feito um puchero...

Teria de fazer. A formosa moça havia batido palminhas de satisfação quando eu me exibira. Não podia dar para trás. E agora? Naquele tempo sem internet, a saída era ligar para minha mãe e pedir uma receita. Mas a minha mãe viajara para o Rio, se não me engano, e na época também não existia celular. Ela estava incomunicável.

Resolvi improvisar. Coragem! Nessas horas, é preciso ter coragem!

Corri ao Mercado Público. Lembrei-me de uma história a respeito da origem do puchero: as mulheres pobres de Corrientes, ao preparar um sopão para suas famílias, davam gosto ao caldo com ossobuco. Mas, como elas eram realmente pobres, muito pobres, de marré de si, conseguiam apenas um único ossobuco para todas as famílias. Assim, o ossobuco passava de uma casa para outra, de uma panela para outra, emprestando sabor aos cozidos, que se adensavam com os demais ingredientes, até virar um puchero.

Ou seja: o puchero tem que ter ossobuco. Só que não encontrei no Mercado. Por algum motivo, todos os ossobucos da praça tinham sido comprados avidamente naquele fim de semana. Optei por um pedaço de carne para sopa e mais embutidos – naquela época, havia menos preconceito contra embutidos.

Em seguida, concentrei-me nos tubérculos e nos legumes. Reuni tudo amorosamente e fui para casa. Guiei-me pela intuição: fiz um refogado com cebola e alho, onde fritei a linguiça. Depois, acrescentei as batatas, a couve, a cenoura, o repolho, a abóbora e, por que não?, a carne. E mais algumas espigas de milho, claro. E cobri tudo com água. E pus ao fogo. E salguei. E, enquanto fervia, mexi com uma colher de pau. Sim, pus-me a mexer com critério por horas, cuidando para que o preparado não grudasse no fundo e queimasse miseravelmente.

Quando os convidados chegaram, meu puchero estava da cor da carne, com uma consistência cremosa e muito cheiroso. A formosa moça, ao entrar no meu pequeno apartamento, apontou o narizinho perfeito para o alto, fungou e sentenciou:

– Mmmmmmmm...

Servi em pratos fundos, com queijo parmesão por cima. Para beber, um tinto honesto.

Não quero me gabar, mas foi um sucesso, senhores. Um sucesso! Vou repetir a receita neste inverno.

Quanto à formosa moça... Bem, eu disse que foi um sucesso.

A PICANHA E O CUPIM

Tenho pena do cara do cupim. O garçom, digo. Porque você entra num espeto corrido, senta-se e é sempre igual: todos procuram o cara do salsichão e do coraçãozinho. Um sucesso, o salsichão & coraçãozinho. Mas o garçom responsável sabe que seu momento de celebridade é fugaz como uma paixão de Carnaval. Passados os primeiros minutos, ninguém mais chama o cara do salsichão e do coraçãozinho, e ele só fica de longe, observando em silêncio ressentido o triunfo dos homens que carregam o matambre, o lombinho, a cebola empanada.

Sim, a glória do salsichão & coraçãozinho é breve. Mas ao menos ele é recebido com algum entusiasmo. Nada que se compare, claro, à festa que espera o cara da picanha. As pessoas passam certo tempo mastigando alcatras e fazendo piadas sobre o vazio, mas o que aguardam de fato é a picanha. É por causa da picanha que estão ali.

Quando o cara da picanha chega, as conversas cessam, os olhares se voltam para ele, todos o solicitam: eu quero!, eu aceito!, mais um pedaço bem fininho! O cara da picanha é eternamente requisitado e seu retorno só deixa de ser reivindicado quando as compotas de sagu aterrissam na toalha. Suponho que ganhe mais, o cara da picanha. Ele não é qualquer um. A gente logo percebe pela forma altiva com que se locomove entre as mesas, pelo olhar superior que envia para a vulgar costela.

Agora, quem é realmente desprezado pelo garçom da picanha é o cara do cupim. E não só pelo da picanha: ninguém lhe dá atenção. Ele para numa mesa. Vai perguntando: cupim?, cupim? Ninguém quer. Nunca. Uns nem se dão o trabalho de responder. Nem olham para ele. Não estou entre esses insensíveis. Sempre observo o cara do cupim. Sei que é um magoado, um humilde rechaçado, triste e perenemente esperançoso com seu cupim intacto.

Fico comovido com a situação do cara do cupim, ele não merecia esse tratamento. O cara do cupim também tem um coração! Eu, inclusive, confesso: não gosto muito de cupim. Prefiro picanha. Mas sempre peço cupim nos espetos corridos, em desagravo ao cara do cupim. E, se o cara do cupim está por perto quando o da picanha chega, simplesmente recuso a picanha, por mais sumarenta que aparente. Brado:

– Não, obrigado. Prefiro cupim!

Então, noto com júbilo a decepção no rosto orgulhoso do garçom da picanha e o lume agradecido no olhar do tão sofrido cara do cupim.

MASSA À CARBONARA

Poderia comer massa todos os dias, sem enjoar. Todos os dias. Houve época em que meu amigo Nei Manique comia massa todos os dias. O Nei Manique é um dos expoentes do jornalismo de Santa Catarina. Ele é de Criciúma e tem ascendência italiana. Já morou na Itália, inclusive.

Hoje o Nei não come mais massa todos os dias, mas, num passado de glórias culinárias, ele chegava a fazer a própria massa. A gente aparecia em sua casa e ele anunciava, colocando Laura Pausini para rodar na vitrola:

– Vou preparar uma carbonara!

E se punha a misturar farinha com água e a amassar a massa com as mãos, todo aquele criterioso processo, que, não raro, levava três horas para ser concluído. Enquanto isso, ficávamos conversando e bebendo cerveja. Na hora de a carbonara ser servida, o mundo estava mais leve e nós já nos sentíamos muito mais alegres.

Aliás, existe febril polêmica acerca da carbonara. O termo se origina da palavra "carbone", que era um centromédio que jogou na Dupla Gre-Nal nos anos 70 e também a forma como os italianos chamam o carvão. Carbone era ótimo meio-campista, mas duvido que tenha sido ele o autor da massa à carbonara. Por isso, acredito na versão de que esse prato foi feito em primeiro lugar pelas cozinheiras que alimentavam os carvoeiros da região de Roma, a Cidade Eterna.

Mas a grande questão (ou "cuestão", como diz Jair) nem é a origem do termo, e sim a forma de preparo. A maioria das pessoas faz com tiras de bacon, alimento muito apreciado pelos americanos. Tanto que existe uma lenda dando conta de que foram eles, americanos, os criadores da carbonara. Na Segunda Guerra Mundial, os soldados do Tio Sam, amantes do bacon, o teriam acrescentado ao espaguete e juntado também ovos para dar um molho, surgindo assim essa delícia. Considero tal ideia absurda. Os americanos podem ir à Lua, os americanos podem curar o câncer, os americanos podem inventar a luz elétrica e o automóvel, mas os americanos não têm imaginação para cozinhar nem para jogar futebol.

Junte essa hipótese com a do centromédio Carbone, pois, e descarte ambas. Voltemos ao colo acolhedor das cozinheiras romanas. Foram provavelmente elas que criaram a massa à carbonara e, no começo, não se valeram do bacon, e sim de macias bochechas de porco, ingrediente raro, que você não encontrará no supermercado da esquina e talvez nem em lojas importadoras. Isso nos leva de volta ao bacon, que deve ser posto em mansa fritura na panela, até que libere a gordura. É nessa gordura que você despejará a massa adrede cozida. Enquanto estiver mexendo e misturando a gordura, o bacon e a massa, quebre quatro ou cinco ovos e deite-os sobre tudo e siga mexendo e mexendo. Note: é o calor da massa e da gordura desprendida pelo bacon que cozinhará os ovos, não o do fogo do fogão, que, neste momento, estará desligado. Por fim, espalhe por cima muito queijo pecorino, de ovelhas jovens, mesclado ao suave parmesão, e, pronto!, estamos servidos!

Dizem que é essa a receita autêntica da carbonara, uma alquimia simples, quase minimalista, e não aventuras estranhas com linguiça, salsicha, presunto e até ervilhas, que, revelo, já experimentei e, confesso, levemente envergonhado, gostei. Pode me julgar. Pode me "cancelar" nas redes. Mas, admito, gostei.

O SUPER-HERÓI QUE
COME DONUTS TODOS OS DIAS

O Batman come Dunkin' Donuts todos os dias. Dunkin' Donuts é uma franquia de café que vende uma espécie de sonho pequeno, pouco maior do que um botão puxador de três camadas. É barato, custa um dólar. Eles se instalaram em Porto Alegre, tempos atrás, mas, após alguns anos, saíram da cidade para nunca mais voltar. O Dunkin' é de Massachusetts, assim como o Batman. Ou, pelo menos, como o ator que interpreta o Batman, o Ben Affleck.

Ben Affleck diz que o fato de comer Dunkin' Donuts todos os dias o faz se sentir mais próximo de Boston, embora agora esteja vivendo na Califórnia. Ou seja: o Dunkin' Donuts tem um valor sentimental para ele. Quando Batman dá uma dentada num Donut e o recheio se lhe escorre pelos dentes, certamente ele sente o gosto da infância.

Foi o que me capturou, ao ler essa notícia: o sabor da infância. Eu, quando pequeno, havia uma comida que dizia poder comer todos os dias: batata frita. Minha mãe não fazia batata frita com frequência, porque precisava usar grande quantidade de azeite na fritura, e o azeite era caro. Então, os dias em que ela botava um prato de batatas fritas na nossa frente eram especiais. Eram umas batatinhas gordas, crocantes por fora e macias por dentro. Eu e meus irmãos as partilhávamos como se fossem moedas: uma pra mim, uma pra ti, duas pra mim, duas pra ti. Era contadinha, a divisão. Um dia afirmei:

– Eu comeria batata frita todos os dias!

Minha irmã apertou os lábios:

– Ninguém come batata frita todos os dias. É muito caro!

Tive de concordar. Ninguém seria perdulário de fazer tamanho gasto todos os dias.

Outra comida pela qual tínhamos fetiche era o camarão, esse, sim, muitíssimo mais caro do que a batata frita. Dia de camarão era dia de festa. Mas comíamos com certo respeito porque, no passado, ocorrera um terrível incidente na família envolvendo o camarão. É que meu avô havia contraído tifo numa época que isso era sentença de morte. Ele, porém, se recuperou, e a minha avó, para comemorar, fez arroz com camarão. Minha avó era a melhor cozinheira da cidade. Meu avô gostou tanto, comeu tanto daquele arroz com camarão, que teve uma recaída. Em sua segunda recuperação, minha avó serviu uma inócua canja de galinha.

Ah, e agora chego à terceira comida que marcou minha infância: o frango assado, chamado "frango de televisão de cachorro". É aquele frango dourado, cheiroso, luminoso, acompanhado de polenta, que fica rodando no espeto. Aos domingos, quando íamos almoçar na casa do meu avô, minha mãe dizia para mim e para meus irmãos:

– Caminhem olhando para o chão. Se acharmos cinco cruzeiros, vamos comprar frango assado.

Nunca achamos.

Hoje, era para eu ser um adepto de frangos assados, mas não sou. O frango assado não me faz sentir o gosto da infância, nem o camarão e nem a batata frita. A infância, para mim, ressurge... quando corto uma fatia de pão. É estranhamente trivial, mas é isso mesmo. Quando tomo o pão com a mão esquerda e, com a direita, assesto a faca serrilhada para cortá-lo, lembro-me da minha mãe mandando:

– Vai lá na vendinha e traz meio quilo de pão semolina e um litro de leite.

Ela queria preparar o café da tarde. Eu, então, deixava a contragosto a brincadeira da qual estivesse me ocupando e ia. No caminho, encontrava um amigo ou dois e me detinha conversando. Houve dias, vários, em que deixei o pão e o leite em cima de uma pedra e entrei na peladinha que era disputada no areão ao lado da venda. E não raro fiz um pequeno desvio para me por debaixo da janela de Sandi, a loirinha de olhos azuis que morava no térreo do prédio do meu amigo Amilton Cavalo. Jogava uma pedrinha no vidro da janela, ela aparecia sorridente, e eu:

– Oi, gatchinha...

Quando chegava em casa, sempre levava um xingão da mãe, por causa do atraso. Não me importava, estava feliz. Aí, a mãe botava o leite para ferver e fatiava o pão, exatamente como faço agora, e, agora, é dela que me lembro e dos meus antigos amigos e da loirinha Sandi e das tardes vadias no IAPI, o bairro da minha infância, como é doce o gosto da infância.

O AMOR À LINGUIÇA

Fiquei um pouco ressentido com essa história de que os embutidos dão câncer. É algo que preciso abordar, mas, antes de ir em frente, tenho de ressaltar que estou ciente dos riscos que corro, riscos que foram ignorados um dia pela própria presidente da República, Dilma Rousseff. Eu, se fosse assessor da Dilma, teria sido pressuroso em advertir, antes do seu famoso discurso de saudação à mandioca:

– Presidente, há certas palavras que, por si só, tiram a seriedade de qualquer manifestação no nosso querido e irreverente Brasil.

A mandioca é uma delas. Bem como a linguiça, o salame e outros produtos com formato sugestivo.

Ocorre que, sim, sempre fui apreciador de embutidos. Meu arroz de china pobre, também conhecido como arroz com linguiça, tornou-se célebre nos anos 1990, em Porto Alegre. Eu morava num apartamento modesto, porém funcional, nos altos da Rua Portugal, e foram inúmeras as noites em que recebi amigos com uma olorosa travessa de arroz de china pobre, mais, é claro, cerveja branquinha, de tão gelada. Todos se repimparam à grande e elogiaram meus dotes culinários, e uma ou duas moças que me eram caras sorriram com mais brandura para mim, terminado o jantar.

Você talvez diga que arroz com linguiça não é prato para ser oferecido a uma mulher que se anseie conquistar, mas uma vez ouvi a seguinte frase de uma jovem semideusa, enquanto ela tirava, com um decidido golpe de guardanapo, um pingo de molho de tomate que lhe tingia os lábios de gomo de bergamota:

– Isso foi muito, muito bom...

Ah! Primeiro a linguiça, depois o champanhe. Sim, senhor.

Meu cachorro-quente também ombreia com o cachorro-quente do Rosário, e a minha avó, a saudosa Dona Dina, suprema cozinheira, fazia um prato de linguiça bem fininha com abóbora que, Jesus Cristo!, jamais provei iguaria semelhante, desde que ela se foi para um plano mais elevado, onde certamente se pode comer de tudo, beber de tudo e todos os sinais de wi-fi são liberados.

E tem o salame! E tem a mortadela, tão generosamente distribuída entre duas fatias de pão amigas nos eventos patrocinados pelo PT. O povo ama os embutidos, essa é a verdade, e o PT é sábio ao cevar o povo com possantes mortadelas.

E eu também. Também eu amo embutidos.

Mas, olha, outro dia andei tendo um câncer, e não duvido que tenha sido coisa da linguiça. Com o que, declaro agora, com pesar e circunstância, que renuncio aos embutidos.

Nunca mais salsichão com salada de batata como entrée dos churrascos na casa do Degô.

Nunca mais hot dogs, nem mesmo nos Estados Unidos, a terra das oportunidades, da liberdade e, bem, dos hot dogs.

Nunca mais salame e salamito, esses dois primos-irmãos que acompanharam fatias de pão francês que me foram servidas em antigos cafés da tarde, tipo de refeição extinto pelo açodo da vida moderna.

Nunca mais minha *pièce de résistance*, o inefável arroz de china pobre...

Nunca mais. Nunca mais.

Não sei como será viver num mundo sem a linguiça, sem a salsicha, sem nem o chouriço. O velho chouriço. Será um mundo mais saudável, é certo que será, e daqui a pouco lançarão embutidos light e inofensivos como um grão-de-bico, também disso sei, mas... Não seremos mais os mesmos. Paciência. Que a vida sem embutidos valha a pena ser vivida.

O ARROZ DE CHINA POBRE

Há quase 8 mil pequenas fazendas no pequeno estado de Massachusetts. Pequeno mesmo: Massachusetts é dez vezes menor do que o Rio Grande do Sul.

Essas fazendolas produzem, em geral, alimentos orgânicos de ótima qualidade. Há feirinhas espalhadas pelo Estado com os produtos desses sítios. O Whole Foods, supermercado famoso pela qualidade de suas mercadorias, só se abastece nessas fazendas.

Um parêntese: o Whole Foods foi comprado pela Amazon – a Amazon, não demora, vai ser dona de todos os Estados Unidos.

Outro parêntese: em alguns meses, o Whole Foods venderá maconha para uso recreativo em suas lojas em Boston.

Fechando os parênteses, volto aos produtos orgânicos das fazendolas e conto que, um dia, fui a um açougue brasileiro de Boston que anunciava o seguinte: "Deliciosa linguiça feita exclusivamente de carne de porco das fazendas de Massachusetts".

Pensei nos porquinhos rosados que vivem felizes pelos campos e exclamei:

– Uau! Isso parece bom!

O açougueiro inflou o peito:

– E é! Eu garanto!

Com todos aqueles pontos de exclamação, tinha de comprar aquela linguiça. Comprei-a. E fui para casa decidido a preparar o meu célebre "arroz de china pobre". Ou: arroz com linguiça.

Antes de especificar como fiz o que fiz, tenho que lavrar aqui um protesto contra o preconceito que existe acerca do arroz com linguiça. É tamanha a discriminação que o chamam, como disse acima, de "arroz de china pobre". Ora, a china, para o gaúcho, é a chamada "mulher de vida fácil", a rameira, a percanta, a que presta favores sexuais a soldo. No caso, seria uma profissional pouco valorizada, talvez em decadência, sei lá, mas o fato é que não teria amealhado muito dinheiro com a atividade, ou não seria "pobre". O arroz com linguiça, portanto, é tratado como prato barato e de pouca sofisticação.

Afirmo que não é bem assim. Depende de quem prepara e como prepara. Eu mesmo faço, agora, uma confissão: certa feita, um bom amigo me deu, de presente de aniversário, uma garrafa de Romanée-Conti, vinho requintado e caro, coisa de milhares de dólares, aquele que Lula sorveu ao ser eleito presidente pela primeira vez, causando espanto e inveja no país. Pois bem: num sábado de outono, fiz um arroz com linguiça e abri o Romanée-Conti para acompanhar. A Marcinha protestou:

– Arroz com linguiça???

E eu, convicto:

– Arroz com linguiça!

Como você vê, tenho o arroz com linguiça em alta conta. Ainda mais se a linguiça foi "feita exclusivamente com carne de porco das fazendas de Massachusetts".

Para acompanhar aquele arroz com linguiça americana, porém, o que abri foi um Noble Wine da Califórnia de catorze dólares e depois cortei finíssimas fatias de bacon. Finíssimas de fato, da espessura de uma folha de cartolina.

Essas fatias, deitei-as na panela que já estava sobre o fogo. O processo fez a gordura derreter e foi nela que derramei três dentes de alho e uma cebola previamente picados. Era o refogado.

Ah, o refogado! O refogado é a base de tudo, embora esse nome soe pejorativo:

– Você não passa de um refogado!

Aliás, alguns termos da culinária são bastante expressivos. Por exemplo, o verbo flambar. Posso ver o comandante de um exército gritando para os soldados:

– Flambem, malditos! Flambem!

Voltando ao refogado: misturei a ele a linguiça que já havia dividido em pedaços do tamanho de uma pastilha de Halls preto, cada um. E aí aconteceu algo extraordinário: a linguiça se desfez gentilmente e formou uma unidade com o refogado. Era chegada a hora da pimenta-do-reino.

A pimenta-do-reino, você sabe, é uma especiaria especial, já contei sua história antiga e vitoriosa.

Assim, temperei com pimenta-do-reino a alquimia que fervia e, em seguida, acrescentei seis tomates vermelho-escuros bem picados. E uma colher de mostarda. E algumas pitadas de sal. E só quando o molho estava denso e cheiroso pus o arroz.

Em poucos minutos, oh, Deus, estávamos nos repimpando com um rico arroz de china pobre. Tente um dia desses, mesmo que seja de linguiça de porcos do Rio Grande e não das fazendolas de Massachusetts. Mas não esqueça: compre um Romanée-Contizinho para acompanhar.

PANQUECAS PARA GISELE BÜNDCHEN

Aqui em casa quem cozinha sou eu. A Marcinha às vezes faz um macarrão e tal, mas é raro. O verdadeiro rei das caçarolas e das frigideiras é esse que vos escreve. Sou um cozinheiro de comidas simples. Lembra da minha receita de tortilla de Ruffles?

Pois é.

Ultimamente, tenho me especializado em panquecas. Preparo-as basicamente em três modalidades:

1. Com molho vermelho com carne moída, que supera o molho do cachorro-quente do Rosário;

2. Com a tradicional dupla Queijo & Presunto;

3. Com banana frita salpicada de canela.

◆ ◆ ◆

Uma manhã de sábado, estava começando a primeira de várias panquecas, e a Marcinha veio com uma foto que a Gisele Bündchen postou em alguma rede social. Era o marido dela, o Tom Brady, fazendo, exatamente, panquecas. A legenda dizia algo como: "Tom Brady, the Pancakeman".

Ora, ora. Duvido que as panquecas de Tom sejam melhores do que as minhas. Somos vizinhos, eles moram aqui perto. Um dia, vou bater lá na casa de Gi e desafiar Tom para um concurso de panquecas. Eles vão ver quem é o Pancakeman.

◆ ◆ ◆

Suspeito de que a intenção de Tom, ao cozinhar para sua família, seja a mesma que a minha: praticar uma ação de amor. Partilhar refeições já é um ato de congraçamento; cozinhar, muito mais. As pessoas evitam sentar à mesma mesa com quem acham desagradável, alegando que isso lhes faz mal. E faz mesmo. O que você come é absorvido pelo seu corpo, se transforma em parte de você. Você não vai querer que parte de você seja também parte de quem você não gosta.

Jesus valeu-se muito disso em suas pregações. Ele partilhava refeições com as pessoas e assim se aproximava mais delas. Não por acaso, a comunhão é feita através de uma refeição simbólica. Dividir refeições une as pessoas.

OS OVOS COZIDOS DO PRÍNCIPE

Li que o príncipe Charles, depois de suas caçadas, gosta de comer um ovo cozido. Um só. Mas o ovo tem de estar no ponto exato, clara dura, gema mole, ou ele se irrita, e dizem que o príncipe Charles, irritado, torna-se desagradável.

Assim, o ponto do ovo cozido do príncipe transformou-se em obsessão para os serviçais do palácio. Como é extremamente difícil atingir a perfeição exigida pelo monarca, os cozinheiros resolveram o problema da seguinte forma: eles preparam não um, mas SETE ovos, e os deixam todos quentinhos em seus suportes de prata, à espera do príncipe, que chega esbaforido do nobre desporto.

Charles, então, testa os ovos um a um. Rompe, com a colherinha, a casca do topo do ovo e observa o interior com seu olhar acurado. Em geral, basta o exame visual para rejeitar um ovo malfeito. Vez em quando, prova de um bocado. Se não está como ele quer, passa adiante, até encontrar o ovo ideal. Aí, sim... ah... o príncipe se compraz e suspira, reconfortado por aquele momento de civilidade, como têm de ser sempre os momentos dos príncipes.

Confesso que, ao tomar conhecimento dessa história, fiquei um pouco decepcionado com os cozinheiros dos palácios da Grã-Bretanha. Porque eu, que não passo de um cozinheiro plebeu, que nunca fiz nem jamais farei suflês ou mousses, porque essas comidas aeradas de príncipes não são coisa de cozinheiro do IAPI, pois eu, assumidamente um cozinheiro baldio, sei fazer um ovo cozido no ponto principesco.

É assim: encha uma caneca de alumínio com três quartos d'água. Ponha para ferver. Quando tiver atingido cem graus Celsius e 212 graus Fahrenheit e a água começar a borbulhar, pegue o ovo e prenda-o amavelmente entre duas colheres de sopa. Em seguida, deposite-o com serenidade no fundo da caneca.

Consulte o relógio e não tire mais os olhos dele durante precisos 2,5 minutos. Após esse período, não mais, nem menos, use outra vez as duas colheres para capturar o ovo da caneca e assentá-lo no recipiente apropriado para os ovos cozidos, que é aquela tacinha bonitinha em formato de meio ovo. Se for de prata, como em Buckingham, melhor, mas não precisa.

Separe uma pitada de sal, apenas e tão somente uma pitada de sal, para temperá-lo.

Presto! Qualquer coisa, já tenho emprego na Inglaterra.

Há quem critique Charles por esses e outros caprichos, como querer uma toalha dobrada sempre da mesma maneira, sobre a mesma cadeira, quando sai do banho. Eu não critico. Sei que o poder refina gostos e eleva padrões.

Veja aquele que não é nosso príncipe, mas nosso pequeno rei, Lula. Fui algumas vezes a São Bernardo para fazer matéria sobre ele. Os antigos amigos contam que era um apreciador da mais brasileira das bebidas, a cachaça. Mais tarde, ao ser eleito presidente, festejou sorvendo uma taça de Romanée-Conti, néctar que custa cerca de R$ 80 mil, 10% de uma reforma de triplex.

Imagino que o primeiro gole de Romanée-Conti produziu a mágica de requintar quase que de imediato o paladar do nosso Pai dos Pobres. Ele que, na intimidade de seus amigos empreiteiros, era chamado, não sem carinho, de "Brahma", passou a apreciar vinhos de qualidade superior.

Conta o jornalista Cláudio Humberto, aquele que foi ministro de Collor, que Lula, ao deixar o Alvorada, levou com ele 1.403.417 (um milhão, quatrocentos e três mil e quatrocentos e dezessete) itens em onze caminhões de mudança. Lembrancinhas. Entre elas, uma preciosa carga de vinhos, conduzida em um caminhão apropriadamente climatizado. Trinta e sete dessas caixas de boa bebida, como se sabe, foram deixadas naquele sítio que não é de Lula, lá em Atibaia. Aprazível. Civilizado. Fidalgo. Como há de ser.

    Charles e Lula provam: o poder sofistica. O poder faz bem.

COMO FUNCIONA
O CHURRASCO AMERICANO

Jim é o meu vizinho que faz churrasco todos os dias durante o verão. Ele mora no térreo e seu apartamento tem uma varanda que dá para a rua. É ali que prepara os churrascos, em uma churrasqueirinha metálica do tamanho de uma pasta 007.

Cruzo pela frente da varanda e o cumprimento. Em geral, algumas animadas senhoras americanas de cabelos amarelos e olhos azuis fazem companhia ao Jim, mas não é impossível que ele passe a tarde sozinho, assando dois ou três bons bifes do Texas e lendo jornal, refestelado em uma cadeira de recosto inclinado.

Vê-se que Jim é um homem feliz com a vida que leva. Ele é aposentado, não tem mulher ou filhos, mas está sempre rodeado de amigos.

Gosto de ver Jim churrasqueando em sua varanda. Um homem satisfeito com a própria existência é um espetáculo reconfortante.

Dia desses, passei por ali e acenei:
– *What's up*, Jim?
E ele me chamou. Fui. Aí, surpresa:
– O que vocês acham de vir aqui comer um churrasco, esta semana? Os dias serão lindos...

Por "vocês", referia-se ao degas aqui, ao Bernardo e a Marcinha. Aceitei de pronto. Tinha grande curiosidade para ver como funcionava um típico churrasco americano.

Os americanos adoram churrasco, mas o churrasco deles não tem nada a ver com o nosso. Em primeiro lugar, por causa da obsessão nacional pela maciez da carne. As carnes aqui são realmente tenras, mas não possuem o mesmo sabor das nossas. Porque no Brasil a criação é extensiva, o bicho vive solto. Os bois se alimentam de pasto natural e, livres por aí, certamente são mais felizes.

A felicidade pode endurecer um pouco a carne, mas a torna mais saborosa. O que é inspirador: criaturas felizes são mais gostosas.

Pense nisso, da próxima vez que trinchar uma costela. Pense que aquele boi correu pelos campos, comeu da boa grama, bebeu da água fresca, mugiu de contentamento ou mesmo de tristeza, relacionou-se, enfim, com seus semelhantes, e talvez até tenha amado uma formosa vaca.

Bois americanos, não. Bois americanos são tristes bois, que passam a vida confinados, a mastigar ração e a suspirar.

Aliás, acerca de costelas. Reconheço que certos assadores são dotados de ciência para transformá-las em peças de banquete, mas isso não é para todos. Quase sempre, a costela fica desagradavelmente elástica, cansativa para queixos sensíveis. Então, não me venha com essa história de que gaúcho que é gaúcho prefere costela. Não. Sou gaúcho e prefiro picanha. Faço concessões ao contrafilé, hoje em dia rebatizado como entrecot. Muito mais bonito entrecot, por sinal. Contrafilé parece algo negativo.

Inclusive, um dos meus restaurantes internacionais favoritos é o Relais de l'Entrecôte. Perguntei ao meu amigo Dinho, o Fernando Eichenberg, se o "relais", no caso, corresponderia a "rodízio" ou "revezamento". Garantiu-me que não. Relais é o repouso, o refúgio, o tugúrio do entrecot. Bonito. O Relais um restaurante de Paris, fica na rua Saint Benoît, no bairro Saint-Germain, a poucos passos da abadia de Saint-Germain-de-Près, que tem mais ou menos uns 1.500 anos de idade... Abriram uma filial em Nova York. Vou sempre. Levei o Jones Lopes da Silva lá, e ele comeu como se fosse um bispo. O Relais de l'Entrecôte serve um único prato: saladinha verde, tiras de entrecot (claro) e batata frita, além de um delicado molho feito com o sumo da carne. É uma delícia.

O entrecot, portanto, pode ser nobre, pode fazer a felicidade de uma noite. A costela, raramente. Mas ainda não contei sobre o churrasco do americano.

Bem...

Convescotes americanos não são como convescotes brasileiros. Definitivamente, não.

Americano não é bom em fazer festa.

Aniversário de criança. Se o tempo está bom, muitos americanos gostam de fazer a festinha nos parques. Compram balões, balas, hot dogs e alguns litros de limonada, e pronto. Gastam uns US$ 200.

Se um americano vai receber amigos em sua casa para um jantar, uma comemoração qualquer, ele avisa no convite por e-mail o horário de começo e de término do encontro. Na hora marcada, é tchau, tchau, muito obrigado, até qualquer dia, *see you later, alligator*.

Meu vizinho Jim, que havia nos convidado para um churrasco, não mandou e-mail, mas perguntou se, três dias antes, podia ir à nossa casa para falar sobre o menu.

Menu? Não era churrasco?

Mas, tudo bem, claro que ele podia nos visitar. E, três dias antes, na hora aprazada, Jim chegou.

Entrou, acomodou-se na ponta do sofá e fez um breve questionário:

– Carne de gado, peixe ou galinha?
– Vocês têm alguma alergia?
– Restrições culturais?
– Preferem carne kosher?
– Refrigerantes ou bebidas de álcool?
– O Bernardo pode comer doces?

Respondi e, em cinco minutos, ele se despediu.

No dia do churrasco, chegamos pontualmente ao apartamento. Encontramos a porta entreaberta. Será que deveríamos ir entrando? Por precaução, dei umas batidinhas. Ele gritou de lá:

– Entrem!

Entramos.

Chegamos a uma sala ampla, escura, com poucos móveis. As paredes estavam totalmente cobertas por fotos de uma só pessoa: Bob Dylan. Não havia um palmo de parede vazio. Tudo tapado com quadros do Bob Dylan. Numa estante, discos, CDs e... fitas cassete.

– Fitas cassete! – exclamei. Jim explicou que prefere as fitas para ouvir música enquanto caminha, porque são mais fáceis de carregar.

Não são mais fáceis de carregar, pensei, mas deixei para lá.

Reparei que a camiseta que Jim vestia era decorada com uma foto de... Bob Dylan. Ele contou que já foi a mais de 150 shows do Bob Dylan. Tive vontade de dizer:

– Me diga, Jim: você gosta do Bob Dylan?

Mas também deixei para lá. Talvez ele não entendesse a brincadeira.

O Bernardo, vendo aquilo, contou que na escola ele aprendeu a cantar uma música do Bob Dylan. Jim quis saber qual. O Bernardo cantarolou, timidamente:

– *How many roads must a man walk down...*

E o Jim se juntou a ele:

– *The answer, my friend...*

Contei-lhe que um senador brasileiro havia cantado essa música na tribuna, e ele ficou encantado. Ponto para o Brasil.

Fomos para o churrasco propriamente dito. Sentamos na varandinha, e Jim manejou sua pequena grelha. Em vinte minutos, assou três bifes e três cogumelos do tamanho de um pires. O Bernardo e a Marcinha regalaram-se com os cogumelos. Eu, não. Cogumelo tem gosto de hóstia.

Jim falou bastante. Falou dos Estados Unidos. Falou do pouco que sabe sobre o Brasil. Disse-lhe que no meu Estado temos churrasqueiras nas paredes das casas, e ele achou aquilo extraordinário:

– Na parede?...

Perguntei-lhe se ainda viajava muito para ir aos concertos, e ele, então, olhou para o céu muito azul e divagou:

– Quando jovem, viajava... Agora, quero ficar. No verão, faço meus churrascos. No inverno, vou ali para dentro – apontou para a sala –, leio, vejo jogos na TV e ouço música. Espero o verão voltar. O verão volta, e eu venho para a minha varanda. Gosto disso. Gosto dos meus dias.

E sorriu. Sorrimos também.

Nesse momento, Jim se levantou.

– Tenho coisas a fazer – comunicou, gentilmente.

Fomos embora. A coisa toda não durou duas horas. Churrascos americanos são assim. Tudo bem, saímos leves. É reconfortante o espetáculo de um homem satisfeito com a própria vida.

POR UM PRATO DE LENTILHAS

Um amiguinho do meu filho estava aqui em casa para fazer o que os americanos chamam de *sleepover*, que nada mais é do que dormir fora.

A propósito, li em algum lugar que não se deve chamar os amigos do filho da gente de amiguinhos. Não lembro a razão alegada para essa interdição, mas, como estou falando de pessoas de dez anos de idade, vou continuar chamando de amiguinho e não me encham o saco.

Feito esse desabafo, conto que o Daniel, esse o nome do amiguinho, passou a noite aqui e nós lhe servimos um prato de lentilhas. Essas lentilhas, eu as havia preparado com minhas próprias mãos. Sou bom nisso, de fazer lentilhas. Transformo-as quase em creme e, com elas, alcanço retumbante sucesso nas ceias de Ano-Novo, porque, como você sabe, dizem que comer lentilha à meia-noite de 31 de dezembro dá dinheiro.

Quando botei o prato de lentilhas na frente do Daniel, ele estranhou:

– O que é isso?

Aí quem estranhou fui eu, porque o Daniel é americano de origem judaica e os hebreus já comiam lentilhas 3 mil anos atrás, ou mais. Pode-se dizer, até, que a identidade judaica se deve à lentilha. Você se lembra da história dos gêmeos Esaú e Jacó, claro: Esaú era o mais velho, Jacó nasceu agarrado a seu calcanhar e é exatamente isso que seu nome significa: "Agarrado ao calcanhar". Por ser o primogênito, Esaú tinha todas as prerrogativas, seria ele o chefe da família depois da morte do pai, Isaac. Mas, um dia, chegando cansado da lida no campo, Esaú encontrou o irmão cozinhando lentilhas e perguntou:

– O que é essa coisa vermelha que você está fazendo aí?

Por que as lentilhas de Jacó eram vermelhas é algo que me intriga. Seria por causa da carne que ele acrescentou ao fervido? Tomate não pode ser, que tomate não existia no Oriente Médio. Em todo caso, foi devido à cor das lentilhas que Esaú passou a se chamar Edom, que quer dizer "vermelho". Foi ele o pai de todos os edomitas, povo que viveu naquela região durante alguns séculos. "Os Edomitas", ou seja, "os vermelhos" poderia ser o nome de uma torcida organizada do Inter.

De qualquer forma, a lentilha de Jacó devia estar com boa aparência, porque Esaú implorou por um prato para lhe matar a fome, e o irmão respondeu que só lhe daria em troca da primogenitura. Esaú exclamou:

– De que me vale a primogenitura? Tenho fome!

E fez o trato. Foi assim que Jacó se transformou no patriarca de Israel. Aliás, ele passou a se chamar Israel mais tarde, por causa de uma briga de rua, mas essa é outra história. O caso, aqui, é que Daniel nunca havia comido lentilhas e, quando as apresentei a ele, ele se comportou como um Esauzinho: comeu sofregamente e repetiu três vezes. Se eu tivesse pedido sua primogenitura em troca da refeição, ele toparia.

Fiquei encantado com o apetite do menino. Mas... corta! Isso aconteceu há alguns meses. Ontem, estava levando o Bernardo à escola quando vi Daniel acompanhado de seu pai. Eles nos cumprimentaram, e o menino pediu:

– Será que podemos fazer outro *sleepover* neste fim de semana?

Eu disse que sim, o pai dele disse que sim, e então Daniel abriu o maior sorriso de Massachusetts e suspirou:

– Oh, a comida brasileira...

Foi lindo. Cumpri minhas obrigações com meu país. E decidi: feijão! No próximo *sleepover*, o Daniel vai comer feijão!

SANDUÍCHE ABERTO, A ÚNICA INVENÇÃO CULINÁRIA DE PORTO ALEGRE

O Dirceu Russi, histórico empreendedor da noite porto-alegrense, postou, na página dele, uma foto de um sanduíche aberto e escreveu que o fazia em minha homenagem e a seus pais, que o ensinaram a gostar desse acepipe. Fiquei emocionado. Por ter sido citado pelo Dirceu, sim, mas também pela apetitosa imagem daquele sanduíche aberto.

Era um sanduíche aberto de beleza tradicional. Via-se, na foto, o frescor do pão cortado em pequenos retângulos e, sobre eles, delgadas tiras de lombinho de porco e, acima delas, ora a rodela de tomate, ora o breve pepino, ora o queijo e também... ah... também o ovo cozido.

O ovo cozido do sanduíche aberto tem de ser todo ele sólido, da clara à gema. Cortado em fatias de meio centímetro de espessura, servirá para dar sabor especial àquela combinação harmônica entre o pepino, o queijo, o tomate e, claro, o lombinho de porco.

Aliás, sou um admirador tão devotado do lombinho de porco, que já tive um com meu nome. Verdade! E foi no bar que era, exatamente, do Dirceu Russi. O gerente do antigo Jazz Café, o bom Atílio Romor, escreveu no cardápio em letras que talvez não fossem, mas que me pareceram douradas: "Lombinho à David Coimbra". Meus amigos brincavam:

– Vamos comer o lombinho do David!

Tudo bem, seus invejosos, isso não é para qualquer um. Pena que não guardei nenhum daqueles menus do Jazz Café.

Mas, voltando ao sanduíche aberto, este é um prato típico de Porto Alegre. Talvez a única invenção culinária porto-alegrense, além do xis-tudo com ovo. E isso é algo que me toca, eu, que nasci no Cristo Redentor. Por essa razão, talvez faça um sanduíche aberto neste fim de semana.

Tenho cá um bom lombinho de porco. Temperá-lo-ei com alho, pimenta-do-reino, sal e, por que não?, um pouquinho de nada de molho shoyu. Ele ficará imerso nessa alquimia por algumas horas e, depois, será levado ao forno. O pão, eu o cortarei com precisão em pedaços de três por quatro centímetros. Não maiores nem menores. Já separei também o queijo, os pepinos, os tomates e, é claro, o ovo que será cozido. Só vou retirar minhas garrafinhas de Sam Adams do congelador quando elas estiverem prestes a ficar branquinhas por fora, sem que congelem por dentro. Tudo, então, estará pronto, inclusive a poderosa mostarda amarela que comprei outro dia ali no Trader Joe's. Chamarei a Marcinha e o Bernardo. E passaremos pelo menos uma hora conversando sobre as estátuas do Laçador e do Gaúcho Oriental, sobre o Grêmio e o Inter, sobre a Feira do Livro e o IAPI, sobre a escadaria da Fernando Machado e também sobre todos os nossos bons amigos que, naquele exato instante, estarão na nossa cidade, talvez reclamando da violência ou, quem sabe, dos buracos das ruas ou da grama dos canteiros que nunca é cortada, ou talvez não, talvez eles também estejam conversando suavemente, rindo, brincando, se divertindo. Juntos.

A KELLY E A MUSSE

A Kelly Matos ganhou uma musse outro dia. Ela estava na Fenadoce, em Pelotas, e eles deram aquela musse para ela. A Kelly Matos adora musse. O meu amigo Carlão Fleck diz que mulher gosta de três coisas mais do que de todas as outras: doce, dinheiro e filho. Filho a Kelly ainda não tem. Dinheiro, um pouco. Doce, ela se esbalda, ela se refocila, ela se repoltreia, ela se repimpa com doce.

Então, a Kelly pegou aquela musse e pensou: "Levá-la-ei para Porto Alegre, a fim de comê-la com alguma solenidade" (a Kelly usa mesóclise, quando pensa). A musse, portanto, foi acondicionada em uma caixa apropriada e rumou com Kelly para o quarto do hotel em que ela estava hospedada.

E é assim que a nossa história de fato começa, com a Kelly no quarto do hotel, em uma noite pelotense. Sei bem como são esses momentos, já fiz muitas viagens a trabalho. Um quarto de hotel pode ser um lugar solitário. Você já cumpriu as tarefas do dia, já falou com quem tinha de falar – com seus chefes, com seus afetos, com o gerente do banco. Agora, é só você consigo mesmo.

Esse encontro é decisivo. Porque nós precisamos gostar da nossa companhia. Na verdade, trata-se da única maneira de viver bem. Se você consegue sentir o prazer de estar vivo, mesmo quando não há outro ser humano por perto; se você sabe que, às vezes, a solidão é uma bênção; se você é assim, você está perto de ser uma pessoa inteira.

A Kelly é. A Kelly de forma alguma se sentiu aflita por estar sozinha no quarto de hotel. A Kelly sentiu-se aflita porque bem ali na frente dela estava aquela musse.

Era uma musse de chocolate, e era cremosa. Parecia ter a consistência perfeita, que um chef francês aprovaria. Musse, você sabe, é um aportuguesamento de "mousse", que, em francês, significa "espuma". Quem inventou essa iguaria foi ninguém menos do que o pintor.

A história de Toulouse-Lautrec é maravilhosa, um dia ainda conto aqui. Ele sofria de uma doença genética, porque era descendente de nobres que, por gerações, casavam-se entre si, hábito comum na elite da velha Europa. As pernas de Toulouse-Lautrec eram curtinhas, desproporcionais ao tamanho do corpo. Ele tinha pouco mais de metro e meio de altura. Mas era um grande artista e um grande boêmio. Com suas gravuras, consagrou o Moulin Rouge e as dançarinas de cancan. Estava sempre na noite, o Malenotti diria que era o rei da chalaça. Numa dessas, inventou um drinque que misturava conhaque e absinto, poção tão forte, que batizou de Terremoto. E, para "rebater" (se você não sabe o que é, pergunte ao Malenotti), criou a musse, que, originalmente, chamava de "maionese de chocolate".

Diante de toda essa história, punha-se Kelly Matos, naquela noite do sul do Rio Grande do Sul. Parada no meio do quarto, ela olhava para o pote já aberto. Da musse desprendia-se um odor obviamente doce, mas nunca enjoativo. Não. Era uma doçura suave, inebriante, que excitou as glândulas salivares de Kelly e, da garganta, extraiu-lhe um oh:

– Oh...

Foi aí que Kelly resolveu: não esperaria mais. Comeria a musse! Tomada a decisão, uma premência pulsante tomou conta do peito de Kelly e ela saiu a vasculhar o quarto em busca de uma colherinha. Uma colherinha, ela precisava de uma colherinha! Pelo amor de Deus, uma colherinha! Abriu gavetas e armários, tateou sobre a mesa de cabeceira, olhou até embaixo da cama, e nada de colherinha. Se ligasse para a portaria e pedisse uma, eles decerto demorariam dez ou quinze minutos para atendê-la e ela não podia esperar. Ela tinha de comer aquela musse! Ela tinha de satisfazer seu desejo imediatamente! Era algo maior e mais forte do que ela. Por todos os pândegos do Montmartre, Kelly necessitava da inspiração dos pintores imortais! E a inspiração lhe veio. Resoluta, marchou para o banheiro e, de dentro de um copo de vidro vulgar, colheu o único objeto que poderia salvá-la daquele embaraço: a escova de dentes.

    E Kelly empunhou a escova pelo lado das cerdas e, com denodo e desassombro, mergulhou-a no coração da musse, e de lá veio o creme e ela o levou à boca arfante e, oh... OH..., foi bom. Abençoado seja o gênio de Toulouse-Lautrec: foi bom.

O ARROZ DE BACALHAU

Eu agora durmo cedo. E, o mais surpreendente, gosto.

Dormir cedo é bom.

Há alguns anos, era impossível eu ir para a cama antes das duas da madrugada. Dias atrás, no Timeline, lembrei com doçura dos anos 90, quando ficávamos acordados até as quatro, cinco horas TODAS AS NOITES. O Potter argumentou:

– Ah, tu tens nostalgia dos anos 90 por causa da tua vida naquela época, não que a cidade fosse diferente.

Errado.

A cidade era diferente.

Havia muitos, muitos bares e restaurantes que ficavam abertos até o alvorecer, inclusive no meio da semana. Três e meia da manhã, batia a vontade de traçar uma picanha gorda com farofa, polenta frita e salada de batata? Sem problemas, podia ir ao

Barranco, que o Chico o recebia com um sorriso no rosto e um copo de chope na mão.

Claro que a vida noctívaga também tem suas inconveniências. À noite, as pessoas mais estranhas rondam a cidade. Às vezes, depois de ser encurralado durante horas por algum chato em um bar, voltava para casa pensando: "Que desperdício de tempo... Por que não fiquei no recôndito do lar, lendo os clássicos?".

Fazia isso aos finais de semana – sair aos sábados é para amadores. Aos sábados, ia ao supermercado que tinha ali perto e me abastecia com víveres. Podia ser algo simples. Por exemplo: uma baguete francesa, finas lâminas de presunto, um pedaço de queijo gouda, tomates gaúchos e azeite de oliva. Não precisa mais. Em casa, cortava fatias do pão da espessura de um dedo minguinho e as preparava como se fossem tapas, umas com presunto, outras com queijo, todas com uma rodelinha de tomate por cima e banhadas por um fio de azeite, às vezes salpicadas com pimentinha do reino ou temperadas com dois pingos de mostarda. Isso, mais um vinho tinto, um bom romance policial ou um denso filme de suspense na TV e, pronto, temos uma deliciosa noite de sábado pela frente.

Às vezes, sofisticava. Lembro de um sábado que fiz o seguinte: já na sexta deixei um naco de bacalhau deitado em uma bacia d'água, a fim de dessalgá-lo. No dia seguinte, depois do Jornal Nacional, aprontei o arroz e pus de lado. Em seguida, fiz um refogado com uma única cebola picada e três dentes de alho bem amassados. Acrescentei o bacalhau anteriormente desfiado. Quando o bacalhau ficou dourado como as pernas de Marina Ruy Barbosa ao sol das ilhas gregas, juntei quatro tomates vermelhos, depois tiras de pimentão também vermelho e, por fim, azeitonas sem caroço. Assim que a alquimia se tornou una e indissociável como o casamento de Tarcísio e Glória, joguei ali o arroz. Abri um vinho branco da Serra Gaúcha. Pus um filme antigo para rodar, *Um corpo que cai*, do velho Hitch. E fui feliz.

Hoje, até posso fazer essas coisas aos finais de semana, mas, nos dias úteis, não sou mais um profissional da noite.

Nos Estados Unidos, há uma expressão para essa necessidade de dormir cedo a fim de atender às necessidades da manhã seguinte: *school day*. Ou seja: dia de escola. Haverá escola no dia seguinte, então não dá para se esbaldar. Pois, como meu filho tem escola, não me esbaldo. Por volta das dez e meia, vou para a cama, leio um livro e, aos poucos, sinto que o sono vem e vai tomando conta de mim e meus olhos vão fechando e o que está escrito vai perdendo o sentido. Então, fecho o livro, apago a luz do abajur, acomodo a cabeça no travesseiro e suspiro, sorrindo. O calor dos cobertores me envolve e, lá fora, apenas o silêncio murmura. Às vezes penso que, naquele mesmo instante, há gente na rua, talvez bebendo, talvez rindo, talvez brigando, talvez amando ou desamando. Que se divirtam. Não os invejo. Estar aqui, quieto, quente e satisfeito, estar aqui comigo mesmo pode até não ser uma grande diversão, mas pode ser, e é, bom.

O ARROZ DE BACALHAU DA SOGRA

Hoje é o dia de falar de Alice. Dona Alice. A sogra do meu amigo, o... Digamos que ele se chame Luís Carlos.

É que 28 de abril é o lampeiro Dia da Sogra, data da qual jamais esqueço e que a cada ano comemoro com fervor, como se fosse um dia santo. Quanto a Dona Alice, asseguro que não se tratava de uma sogra comum.

Não mesmo.

Dona Alice já não era mais uma jovenzinha, que nenhuma sogra o é. Mas se tratava de uma mulher especial. O tempo havia sido bondoso com ela. Mais até: ao arredondar docemente suas formas, tornara-a mais atraente do que jamais fora – tornara-a abundante, sem ser excessiva.

Luís Carlos não era indiferente aos predicados de Dona Alice. Ao contrário, olhava para sua namorada, a

Aninha, tão magrinha, tão diáfana, e a imaginava na glória do futuro, opulenta como a mãe.

– Vale o investimento – dizia aos amigos.

Não esperava, porém, o que ocorreu numa das tradicionais galinhadas de domingo: depois de algumas taças de bom tinto da Serra, quando haviam passado a fronteira do licor de ovos e até a do arroz de leite, Dona Alice lhe enviou olhares à sorrelfa. Alguém pode dizer que olhares à sorrelfa são subjetivos, mas aqueles, os de Dona Alice, não foram. Além disso, Luís Carlos orgulhava-se de saber bem identificar os olhares à sorrelfa e a malícia de uma mulher, quando se transformava em alvo deles. E, naquele dia, ele estava sendo alvo. Ah, estava. O sogrão já meio que dormitava atrás do bigode, Aninha andava ocupada com o cachorro no pátio, e Dona Alice lhe pespegou um par de olhares que lhe amoleceu os ossos, lhe formigou a virilha e lhe latejou as têmporas. Não era possível. Dona Alice! Era sorte demais. Afinal, que homem não sonha em se repoltrear com mãe e filha, sendo ambas lindas como eram Dona Alice e Aninha?

Logo Aninha voltou do pátio, mas Luís Carlos permaneceu atento feito um perdigueiro. E, realmente, durante todo o dia, passando pelo jogo do Campeonato Estadual, pelo Faustão e pelo Domingo Maior, passando por toda a programação da Globo e além, Dona Alice lambeu-o com o olhar de promessas, feito uma gata no cio. Luís Carlos não dormiu naquela noite, pensando na sogra. Dona Alice. Ele não acreditava. Dona Alice!

No meio da semana havia um feriado: 1º de maio. Ele sabia que veria a sogra de novo. De fato, a viu. Quando chegou ao pátio, encontrou-a de biquíni, tomando sol à beira da piscina de plástico da família.

– O-oi – cumprimentou, olhando aquele corpo, que corpo!, dourando-se lentamente, reluzindo como uma lontra.

– Oi, Lu – era a primeira vez que ela o chamava de Lu. Que delícia!

O feriado inteiro foi Lu à esquerda, Lu à direita, Lu em cima, Lu embaixo, e a cada Lu um sorriso, a cada Lu um olhar à sorrelfa. Luís Carlos queria morrer. Ele sabia, sim, reconhecer olhares à sorrelfa e malícia de mulher.

O feriado terminou, a sexta chegou e depois dela, como sói acontecer, veio o sábado. Luís Carlos tinha sido convidado para jantar na casa dos sogros. Dona Alice o recebeu dentro de um vestido leve, que subia acima dos seus joelhos redondos. Joelhos de Scarlett Johansson. Em meio ao jantar (arroz de bacalhau que ela fez com suas próprias mãos, divino, tudo nela era divino!) os olhares continuaram. Luís

Carlos já não aguentava mais. Até que ela o chamou da porta da cozinha:

– Lu, deixa o pessoal aí vendo Supercine e vem me ajudar com a louça.

Ele foi, o coração batendo feito o bumbo da banda do Colégio São João. Ao chegar, ela se debruçou na pia e miou:

– Vem. Vem, Lu, vem...

Ele compreendeu o código: pulou em cima da sogra com sofreguidão, agarrando-a pelas carnes fartas das ilhargas, fazendo biquinho para beijá-la e gemendo:

– Dona Alice! Dona Alice!

Ato contínuo, introduziu sua língua por entre os dentes fortes dela e sentindo-lhe o céu da boca e as gengivas róseas, sentiu também o gosto do bacalhau recente e da saliva perfumada, e gemeu de novo:

– Ddddona Alice!

Ela parecia ceder, parecia entregar-se, mas, então se deu: emitindo um grito de horror, TARADO!, Dona Alice o empurrou com força com as duas mãos e, enquanto ele batia com as costas na borda da mesa, ela repetiu:

– TARADO!!!

Acudiram o sogro, Aninha e o cachorro. Viram Dona Alice amarfanhada e Luís Carlos descomposto, vermelho, arfante, a culpa chispando no olhar.

– Ele me agarrou – acusou Dona Alice. – Me agarrou!

– Lu! – uivou Aninha, já começando a chorar.

– Desgraçado! – xingou o sogro, já se armando com uma faca de cozinha, que, minutos antes, partira uma posta de bacalhau ao meio.

Foi o fim do namoro de Luís Carlos. O fim do futuro com Aninha e do sonho com Dona Alice. E até hoje meu amigo não sabe se, afinal, ele sabe ou não identificar olhares à sorrelfa e a malícia das mulheres.

lepmeditores
www.lpm.com.br
o site que conta tudo

IMPRESSÃO:

PALLOTTI
GRÁFICA

Santa Maria - RS | Fone: (55) 3220.4500
www.graficapallotti.com.br